DÉJA PARUS DANS LA COLLECTION ARLÉA-POCHE

1. Tahar Ben Jelloun, *Éloge de l'amitié*
2. Paul Morand, *Éloge du repos*
3. Albert Londres, *Les Forçats de la route*
4. Jerome K Jerome, *Pensées paresseuses d'un paresseux*
5. Fruttero & Lucentini, *La Signification de l'existence*
6. Jean-Claude Guillebaud, *Le Voyage à Kéren*
7. Pierre Veilletet, *La Pension des Nonnes*
8. René Girard, *Quand ces choses commenceront...*
9. Edmond Haraucourt, *Daâh, le premier homme*
10. Honoré de Balzac, *Petites Misères de la vie conjugale*
11. Henri Guillemin, *Silence aux pauvres !*
12. Albert Londres, *Dans la Russie des soviets*
13. J.M.G. Le Clézio, *Ailleurs*
14. Jerome K. Jerome, *Trois Hommes sur un vélo*

TROIS HOMMES SUR UN VÉLO

JEROME K. JEROME

TROIS HOMMES SUR UN VÉLO

traduit de l'anglais
par Claude Pinganaud

arléa

Titre original: *Three Men on the Bummel*, 1900
ISSN 1270-9204
ISBN 2-86959-312-0

CHAPITRE PREMIER

Trois amis ont besoin de changement. Où l'on voit la malheureuse conséquence d'une déception. Lâcheté de George. Harris a une idée. Histoire du vieux marin et du yachtman novice. Un sacré équipage. Du danger de naviguer par vent de terre. De l'impossibilité de naviguer par vent de mer. L'argumentation d'Ethelbertha. L'humidité de la rivière. Harris propose un voyage à vélo. George craint le vent. Harris propose la Forêt-Noire. George craint les côtes. Plan d'Harris pour grimper les côtes. Irruption de Mme Harris.

– Ce qu'il nous faudrait, dit Harris, c'est un peu de changement.

A cet instant, la porte s'ouvrit et Mme Harris, passant la tête dans l'entrebâillement, annonça qu'Ethelbertha l'envoyait pour me rappeler qu'il ne fallait pas rentrer trop tard à cause de Clarence.

Je pense qu'Ethelbertha se tourmente inutilement au sujet des enfants. A vrai dire, il n'y a rien qui cloche chez ce gosse. Ce matin, il est sorti avec sa tante. Bien sûr, si jamais il louche un peu trop langoureusement devant la vitrine d'une pâtisserie, elle le fera entrer, le laissera s'empiffrer de choux à la crème et de pains au lait jusqu'à ce qu'il s'avoue rassasié en affirmant poliment mais fermement qu'il n'avalerait plus rien. Au déjeuner, il sera incapable d'ingurgiter plus d'une part de pudding et sa mère pensera qu'il couve quelque chose.

Mme Harris ajouta que, dans notre intérêt, nous ferions bien de nous dépêcher pour ne pas manquer Muriel dans sa déclamation du « Thé du Chapelier fou », d'*Alice au Pays des Merveilles.* Muriel a huit ans. C'est la deuxième enfant de Harris ; elle est vive et intelligente, mais, personnellement, je la préfère dans les rôles sérieux.

Dès que nous aurons fini nos cigarettes, nous monterons ; et nous prions Mme Harris de ne pas laisser Muriel commencer sans nous. Elle promet de calmer l'impatience de l'enfant.

La porte refermée, Harris résuma sa phrase interrompue :

– Vous voyez ce que je veux dire... hein ? Un changement radical !

Le problème était : oui, mais comment ?

George proposa un voyage d'« affaires ». C'était tout à fait dans sa manière : un célibataire n'imaginera jamais qu'une épouse vous voie toujours venir avec vos gros sabots. J'ai connu un jeune ingénieur qui avait imaginé justement un de ces voyages d'« affaires » à Vienne. Sa femme voulut savoir de quel genre d'« affaires » il s'agissait. Il répondit qu'il devait visiter des mines aux environs de la capitale autrichienne et rédiger des rapports. Elle voulut l'accompagner. C'était une femme décidée. Il essaya de l'en dissuader : une mine n'est pas un endroit pour une jolie femme... Elle répondit qu'elle en était tout à fait convaincue et qu'il n'était nullement dans ses intentions de le suivre dans les puits. Elle le quitterait le matin et, jusqu'à son retour, elle ferait les magasins pour s'acheter quelques babioles dont elle avait envie. L'idée lancée, il se demandait ce qu'il pouvait bien faire pour se tirer de là. Il fut condamné pendant dix longues journées d'été à courir les puits de mines autour de Vienne et, le soir, il rédigeait des rapports que sa femme expédiait à son entreprise qui n'en avait strictement rien à faire.

Je serais désolé de penser qu'Ethelbertha et Mme Harris appartiennent à cette sorte d'épouses mais je crois cependant qu'il vaut mieux réserver le voyage d'« affaires » aux cas d'extrême urgence. Non, il faut formuler ça d'une manière franche et virile. Je vais dire à Ethelbertha que, souvent, j'ai remarqué que l'homme ne sait pas apprécier le bonheur qui est à sa portée. Je lui dirai aussi que pour lui permettre de jauger à leur juste valeur mes propres qualités, j'ai décidé de m'arracher à l'affection des miens pendant au moins trois semaines. Je lui dirai enfin, continuai-je en m'adressant à Harris, que c'est vous qui m'avez montré mon devoir, que c'est à vous que nous sommes redevables...

Harris reposa violemment son verre :

– Si vous n'y voyez pas d'inconvénients, mon vieux, j'aimerais mieux autre chose. Votre femme va en parler à ma femme et je ne serai pas forcément heureux de recevoir des compliments aussi immérités.

– Mais si, vous les méritez ! c'est vous qui avez eu cette idée.

– Non ! reprit Harris, c'est de vous que l'idée est venue. Vous vous rappelez, vous m'avez dit que c'était une erreur pour l'homme de suivre bêtement son sillon et qu'une vie de famille béate et ininterrompue finit par endormir le cerveau.

– Je parlais en général.

– Justement, dit Harris. J'ai envie de faire part de votre suggestion à Clara. Elle apprécie hautement votre bon sens, si, si, je le sais ; je suis sûr que...

– Ne prenons pas ce risque, l'interrompis-je à mon tour ; c'est un sujet délicat. Je sais comment nous allons nous en tirer. Nous dirons que c'est George qui a eu cette idée.

George peut faire montre d'un manque absolu d'obligeance, j'ai déjà eu le regret de le remarquer. Vous pensez qu'il va être ravi d'aider deux vieux amis à se tirer d'embarras ? Eh bien, non, il devient carrément désagréable :

– Bon, d'accord, dit-il, mais moi je raconterai que mon plan, au départ, c'était une balade en famille avec femmes, enfants et tout ; que je voulais même emmener ma tante ! On aurait loué un superbe vieux château que je connais en Normandie, sur la côte, où le climat est particulièrement favorable aux enfants délicats et où le lait est mille fois meilleur qu'en Angleterre. Enfin j'ajouterai que vous y allez un peu fort en prétendant que nous pourrions être plus heureux en étant seuls.

Avec un garçon comme George, on n'arrive à rien par la douceur ; il faut se montrer ferme.

– Osez leur dire ça, répondit Harris, et moi, voici ce que je vais leur proposer : nous louons le château. Vous emmenez votre tante – je veux voir ça ! – et nous passons un mois ensemble ! Tous les enfants sont fous de vous. J. et moi, nous nous ferons invisibles. Rappelez-vous que vous avez promis à Edgar de lui apprendre à pêcher. C'est vous, aussi, qui jouerez aux bêtes sauvages (depuis dimanche dernier, Dick et Muriel ne parlent que de votre numéro d'hippopotame). On pique-niquera dans les bois – on ne sera que onze – et, le soir, on fera un peu de musique et de la poésie. Muriel, comme vous le savez peut-être, connaît déjà six poèmes et les autres enfants apprennent tous très vite.

George abandonna la partie mais, comme il n'est pas très courageux, il le fit sans fair-play. Il déclara que si nous étions assez petits, assez poltrons et sournois pour nous abaisser à une telle mesquinerie, il n'y pouvait rien. Il ajouta également que si je n'avais pas vraiment l'intention de finir à moi tout seul la bouteille de bordeaux il ne voyait pas d'inconvénient à ce que je lui en verse un verre. Et il conclut avec son illogisme coutumier que tout ça n'avait pas beaucoup d'importance, étant donné qu'Ethelbertha comme Mme Harris étaient des femmes de bon sens qui, pas un seul instant, n'imagineraient qu'une telle proposition pût venir de lui.

Une fois réglé ce point de détail, la question restait : que faire ?

Harris, à son habitude, penchait pour la mer. Il nous parla d'un yacht, tout à fait ce qu'il nous fallait, qu'on pourrait manœuvrer nous-mêmes sans l'aide de ces forbans qui ne savent que paresser à bord, augmenter la dépense, ôtant ainsi tout son charme au voyage. Qu'on lui donne un moussaillon et on verrait comment il le ferait filer, ce bateau ! Nous fîmes remarquer à Harris que nous connaissions très bien ce genre de bateau et que nous en avions déjà goûté ensemble ; ça sent la vase, la pourriture et rien d'autre ; et même l'air marin ne saurait lutter contre cette pestilence. Pour se faire une idée d'une telle odeur, il faudrait passer une semaine dans un égout. On n'y est même pas à l'abri de la pluie ; le salon mesure trois mètres sur un mètre cinquante et la moitié de l'espace est occupée par un poêle qui tombe en morceaux quand on veut l'allumer. Il faut se laver sur le pont et le vent emporte votre serviette quand vous sortez du tub. C'est évidemment Harris et le mousse qui feraient la manœuvre – hisser la voile, barrer, prendre des ris, choisir l'allure –, c'est-à-dire le plus intéressant, nous laissant, à George et à moi, les corvées de « pluche » et la vaisselle.

– Bon, d'accord, dit Harris ; alors prenons un « vrai » yacht, avec capitaine et tout et faisons les choses en grand !

A quoi je m'opposai de nouveau. Je connais bien ce genre de capitaines qui s'arrangent toujours pour rester auprès de leur femme et de leurs enfants si ce n'est au plus près de leur bistrot préféré.

Il y a quelque temps, jeune encore et sans expérience, j'avais loué un yacht. Trois choses m'avaient poussé à cette folie : j'avais eu une rentrée d'argent inespérée ; Ethelbertha avait très envie de l'air marin ; et au même moment, à mon club, j'étais tombé par hasard sur un numéro du *Sportman,* où j'avais lu cette annonce :

> *Avis aux plaisanciers :* Occasion unique. Pour des raisons professionnelles, propriétaire loue magnifique « lévrier des mers », finement gréé, deux cabines, salon, piano Woffenkoff, lessiveuse état neuf. 10 livres par semaine, location courte ou longue durée, s'adresser à Pertwee et Cie, 3 A, Bucklersbury. »

C'était comme une réponse du ciel à mes vœux. Ce n'était pas la lessiveuse « état neuf » qui m'intéressait le plus, on pourrait toujours attendre pour faire notre petite lessive. Mais le piano Woffenkoff avait beaucoup d'allure. J'imaginais Ethelbertha, le soir, jouant quelque pièce avec chœur où l'équipage, après quelques répétitions, tiendrait fort bien sa partie, pendant que notre maison flottante, en vrai lévrier des mers, volerait sur les flots d'argent.

Je pris un taxi et me rendis directement à Bucklerbury, 3 A.

M. Pertwee était un homme sans prétention dont les bureaux se trouvaient au troisième étage d'un immeuble sans prétention. Il me montra une aquarelle représentant *L'Espiègle,* remontant au vent, le pont incliné à quatre-vingts degrés sur l'eau. On ne voyait personne à bord ; sans doute l'équipage avait-il glissé dans la mer ? D'ailleurs, je ne voyais pas comment quelqu'un aurait pu tenir là-dessus à moins d'y être cloué. J'en fis la remarque à M. Pertwee qui m'expliqua que *L'Espiègle* était ici représenté en train de dépasser un concurrent, à la fin de la célèbre coupe de la Medway. M. Pertwee ayant l'air persuadé que je savais tout de cette victoire, je m'abstins de lui poser d'autres questions. Deux taches, près du cadre, que j'avais d'abord pris pour des mouches, étaient en réalité les deuxième et troisième concurrents de la régate. Une autre photographie du bateau, ancré au large de Gravesend, pour être beaucoup moins impressionnante, donnait une idée de stabilité beaucoup plus grande.

Ayant reçu réponse favorable à toutes mes questions, je décidai de louer le yacht pour une quinzaine. M. Pertwee répondit qu'il était très heureux que je ne le garde pas plus longtemps – je n'allais pas tarder à me ranger à son opinion –, un autre locataire l'ayant réservé pour dans quinze jours exactement. Aurais-je voulu le garder trois semaines que M. Pertwee aurait été contraint de me le refuser.

L'affaire conclue, il me demanda si j'avais pensé à un capitaine. Je n'y avais nullement songé et c'était une chance (décidément tout me souriait dans cette histoire) car M. Pertwee était sûr que je ne trouverais jamais mieux que M. Goyles, actuellement en poste à bord. Un excellent capitaine qui connaissait la mer comme un mari sa femme et qui n'avait jamais encore perdu un passager.

Cela se passait tôt le matin et, comme le yacht était ancré à Harwich, je pris le train de 10 h 45 à Liverpool Street. A 13 heures, j'étais devant M. Goyles, sur le pont de *L'Espiègle*. C'était un gros bonhomme aux manières un peu paternelles. Je lui fis part de mes projets qui étaient de caboter paisiblement vers la Norvège en contournant les îles hollandaises. Il fit : « Bien, bien, Monsieur », et sembla relativement enchanté de la croisière, ajoutant même que ça l'amuserait beaucoup. Puis vint la question de l'approvisionnement qui sembla l'enthousiasmer encore davantage. J'avoue que la quantité de nourriture prévue par M. Goyles m'étonna un peu. Au temps de Drake et de la splendeur espagnole, j'aurais pu craindre qu'il ne machinât une méchante affaire. Mais il riait, avec son air débonnaire, assurant qu'il n'y avait rien là de superflu. Comme de coutume, s'il devait y avoir des restes, l'équipage se les partagerait et les emporterait à la maison. Il me semblait que j'allais approvisionner tout son équipage pour la durée de l'hiver mais, ne voulant pas paraître avare, je me tus. La quantité de boisson m'étonna également beaucoup. Il est vrai que je ne pensais qu'à nos besoins propres alors que M. Goyles, lui, prévoyait la ration de tout l'équipage. Je dois reconnaître qu'il s'occupait vraiment bien de ses hommes.

– Nous n'avons pas l'intention d'organiser une orgie, dis-je.

– Une orgie ? Ils auront tout juste de quoi mettre une petite goutte dans leur thé.

Il me fit part de sa devise : recruter de bons marins et bien les traiter.

– Ils travaillent bien mieux pour vous et vous restent fidèles.

Personnellement, je ne tenais pas spécialement à

les avoir de nouveau à mon service. Je commençais même à les détester avant de les avoir vus. Ils m'avaient l'air vraiment trop voraces et assoiffés. Mais j'étais tellement inexpérimenté et M. Goyles était si enthousiaste que, là encore, je le laissai faire. Il m'assura enfin qu'on pouvait lui faire confiance pour éviter le gaspillage.

Je lui abandonnai, bien sûr, le soin d'enrôler l'équipage et il me répondit que, parce que c'était moi, il se contenterait de deux hommes et d'un mousse. S'il faisait allusion au « nettoyage » des provisions et des alcools, je pensais qu'il y avait sous-estimation ; mais peut-être parlait-il de la manœuvre du yacht ?

En rentrant, j'appelai mon tailleur pour lui commander un costume de yachting avec une casquette blanche qu'il promit de livrer dans les temps. Je rentrai alors à la maison dire à Ethelbertha tout ce que j'avais fait. Son bonheur fut seulement troublé par cette pensée : sa couturière aurait-elle le temps de lui faire un costume de yachting ? Voilà bien les femmes !

Notre récent voyage de noces ayant été un peu écourté, nous décidâmes de n'inviter personne et de garder le bateau pour nous seuls. Je rends grâce au ciel de cette décision !

Le lundi, habillés de pied en cap, nous partîmes. Je ne me souviens plus comment Ethelbertha était habillée mais ça lui allait bien. Pour ma part, mon costume bleu marine gansé de blanc n'était pas mal non plus.

M. Goyles nous attendait sur le pont et nous annonça que le déjeuner était servi. Je dois admettre qu'il avait déniché un très bon cuisinier. Quant aux autres membres de l'équipage, je n'eus pas le loisir d'apprécier leurs talents, mais je peux dire qu'au repos ils formaient une jolie bande de gais lurons.

J'avais l'intention de lever l'ancre aussitôt après que l'équipage aurait dîné. Alors, un cigare au bec et Ethelbertha à mes côtés, penché sur le bastingage, je regarderais s'effacer doucement, à l'horizon, les blanches falaises de la mère patrie.

Pour l'heure, Ethelbertha et moi attendions sur le pont qu'on nous explique ce que nous devions faire.

– On dirait qu'ils prennent leur temps, dit Ethelbertha.

– S'ils ont l'intention de manger seulement la moitié des provisions en quinze jours de croisière, sûr qu'ils vont prendre beaucoup de temps à chaque repas. Il vaut mieux ne pas les presser sinon ils n'arriveront à en consommer que le quart.

– Ils font peut-être la sieste, dit Ethelbertha un peu plus tard ; ça va être l'heure du thé.

Sans aucun doute, ces gaillards étaient à la coule. Je m'avançai et appelai le capitaine Goyles par une écoutille. Il fallut le héler trois fois avant de le voir monter lourdement ; il semblait vieilli, tassé, un cigare éteint à la bouche.

– Quand vous serez prêt, capitaine Goyles, dis-je, nous pourrons partir.

Il retira le cigare de sa bouche :

– Pas aujourd'hui, Monsieur, répondit-il, *avec* votre permision.

– Et pourquoi, pas aujourd'hui ?

Je sais les marins superstitieux : le lundi était-il un jour néfaste ?

– Ce n'est pas parce que c'est lundi, répondit le capitaine, c'est à cause du vent qui n'a pas l'air de vouloir changer.

– Mais avons-nous besoin qu'il change ? Il me semble qu'il souffle exactement dans la bonne direction, droit derrière nous.

– Oui, Monsieur, oui ; droit est bien le mot. Et c'est droit à la mort qu'on irait avec un vent pareil si on avait l'imprudence de mettre à la voile. Vous voyez, ajouta-t-il devant mon air étonné, c'est ce que nous appelons un vent de terre ; c'est-à-dire un vent qui souffle directement de la terre.

Effectivement, je me disais qu'il avait raison ; le vent soufflait bien de la terre.

– Il tournera peut-être cette nuit, dit le capitaine pour me rassurer. D'ailleurs il n'est pas très violent et *L'Espiègle* est un bon bateau.

Le capitaine Goyles reprit son cigare et je retournai à l'arrière expliquer à Ethelbertha les raisons de notre retard. Elle semblait de moins bonne humeur qu'au moment de l'embarquement et voulait absolument savoir pourquoi on ne pouvait pas lever l'ancre avec un vent de terre.

– S'il ne soufflait pas de la terre, dit-elle, il viendrait de la mer et nous repousserait vers la côte ! Il me semble que c'est exactement le vent dont nous avons besoin.

– Ça, c'est ton manque d'expérience, ma chérie ;

ça a l'air d'être le vent idéal, mais ça ne l'est pas. C'est ce que nous appelons un vent de terre, et le vent de terre est toujours très dangereux.

Ethelbertha voulut savoir pourquoi le vent de terre était toujours dangereux.

Son argumentation m'énervait quelque peu, ou peut-être étais-je de mauvaise humeur ; le roulis régulier d'un yacht à l'ancre déprimerait l'esprit le plus solide.

– Je ne peux pas t'expliquer, répondis-je – et c'était la pure vérité –, mais mettre à la voile par un vent pareil serait de la folie. Je tiens trop à toi, chérie, pour te faire prendre des risques inutiles.

Je trouvais ma conclusion bien sentie mais Ethelbertha répondit que dans ces conditions elle ne voyait pas pourquoi on était montés à bord avant mardi, et elle descendit à terre.

Le lendemain, le vent avait tourné au nord. Je m'étais levé de bonne heure et j'en fis part au capitaine.

– Bien, Monsieur, bien, répondit-il ; c'est fâcheux mais nous n'y pouvons rien.

– Vous voulez dire que nous ne pourrons pas partir aujourd'hui ? hasardai-je.

Il ne se mit pas en colère ; il se mit seulement à rire :

– Monsieur, si vous aviez envie d'aller à Ipswich, je vous dirais : vous ne pouviez pas espérer meilleur vent ; seulement, voyez-vous, nous allons vers les côtes hollandaises, et c'est là le hic.

Je rapportai la nouvelle à Ethelbertha et nous décidâmes de passer la journée à terre.

Harwich n'est pas ce qu'on appelle une ville gaie. Le soir, on peut même dire qu'elle est sinistre. Nous prîmes le thé et mangeâmes du cresson à Dovercourt et nous retournâmes à quai pour retrouver le bateau et son capitaine. Nous l'attendîmes environ une heure. Quand il arriva, il était nettement plus gai que nous. S'il ne m'avait pas affirmé qu'il ne buvait qu'un grog avant de se coucher, j'aurais même affirmé qu'il était fin saoul.

Le matin suivant, le vent venait du sud et ça rendit le capitaine assez anxieux. Il semblait qu'il fût tout aussi dangereux de partir que de rester où nous étions. Notre seul espoir était que le vent tourne avant qu'il nous arrive quelque chose. En attendant, Ethelbertha avait pris le bateau en horreur ; elle dit qu'elle aurait carrément préféré passer une semaine dans une cabine de bains parce qu'au moins une cabine de bains n'était pas sans arrêt en train de remuer.

Deuxième journée à Harwich. Comme le vent ne tournait toujours pas, nous passâmes les deux nuits suivantes à l'auberge de La Tête couronnée. Le vendredi, le vent se mit à souffler de l'est. Je rencontrai le capitaine sur le quai et lui suggérai que, dans ces conditions, on pouvait peut-être lever l'ancre. Il sembla irrité par mon obstination.

– Si vous étiez un peu plus au courant des choses de la mer, vous verriez tout de suite que c'est impossible. Le vent vient directement de la mer.

– Capitaine Goyles, m'écriai-je, pouvez-vous me dire ce que j'ai loué ? Un yacht ou une maison flottante ?

Il sembla surpris par ma question et dit :

– C'est une yole ! Que voulez-vous dire ?

– Ce que je veux dire ? Voici ce que je veux dire : est-ce que ce bateau peut bouger ou est-il ancré définitivement ici ? Auquel cas, dites-le franchement et on le décorera avec des caisses de lierre ; on installera une marquise, on ajoutera quelques fleurs et ça deviendra un truc fort agréable. Si, au contraire, *ça* peut bouger...

– Bouger ! interrompit le capitaine ; avons-nous le vent qu'il faut pour ça ?

– Mais c'est quoi, le vent qu'il faut ?

Le capitaine semblait embarrassé et je poursuivis :

– Depuis huit jours nous avons eu : vent du nord, du sud, d'est et d'ouest – et toutes les nuances intermédiaires. Si vous pouvez me dire de quel autre horizon le vent peut souffler, d'accord, j'attends. Sinon, à moins que l'ancre n'ait pris racine au fond de l'Océan, on la lèvera aujourd'hui même et on verra ce qu'on verra.

Il remarqua que j'étais décidé :

– Très bien, Monsieur ; vous êtes le maître et j'obéis. Je n'ai qu'un enfant à charge, Dieu merci. Je pense que vos héritiers sauront où est leur devoir et prendront soin d'une veuve éplorée.

Son ton solennel m'impressionna.

– Monsieur Goyles, soyez franc, répondis-je ; y a-t-il réellement moyen, par un temps quelconque, de quitter un jour ce maudit trou ?

Le capitaine répondit gentiment :

– Voyez-vous, Monsieur, cette côte est très particulière. Quand nous en serons éloignés, il n'y aura plus aucun problème mais, sur cette coquille de noix, s'en détacher, pour tout vous dire, c'est de la pure folie.

Je quittai le capitaine informé qu'il allait surveiller le temps comme une mère le sommeil de son enfant. C'étaient ses propres paroles et je les trouvai plutôt touchantes. A midi, je le revis, scrutant l'horizon de la fenêtre du pub La Chaîne et l'Ancre.

A cinq heures, un hasard heureux nous fit rencontrer deux plaisanciers de mes amis dans la Grand'Rue. Un ennui de gouvernail les avait contraints d'accoster. Quand je leur racontai mon histoire, ils parurent moins surpris qu'amusés.

Le capitaine Goyles et ses deux hommes surveillaient toujours le temps ; je courus à la Tête couronnée prévenir Ethelbertha puis, tous les quatre, nous nous rendîmes en douce sur le quai où notre bateau était amarré. Il n'y avait que le mousse à bord. Mes deux amis se chargèrent de la manœuvre et, vers six heures, nous longions joyeusement la côte.

Nous fîmes escale à Aldborough pour la nuit et, le lendemain, nous poussâmes jusqu'à Yarmouth où nos amis devaient nous quitter. Nous décidâmes d'abandonner là le bateau et, au matin, je vendis nos provisions aux enchères sur la plage. A perte, bien sûr, mais avec la satisfaction de rouler le capitaine Goyles. Je remis *L'Espiègle* à un marin de la région qui, pour quelques livres, promit de le ramener à Harwick et nous revînmes à Londres par le train.

Peut-être y a-t-il d'autres sortes de yachts que *L'Espiègle* et de meilleurs capitaines que monsieur Goyles, mais cette histoire m'a guéri à jamais de ces deux sortes de fléaux.

George ayant ajouté qu'un yacht entraînait toujours quantité de responsabilités, l'idée fut abandonnée.

– Et que penseriez-vous d'une balade sur une rivière ? suggéra Harris ; nous y avons eu de sacrés moments, non ?

George continuait de tirer sur son cigare et je cassai une autre noix.

– La rivière, ce n'est plus ce que c'était, dis-je. Je ne sais pas pourquoi – l'humidité sans doute – mais chaque fois que je suis près d'une rivière mon lumbago se réveille.

– Même chose pour moi, dit George. Je ne sais pas comment ça se passe, mais je ne peux plus dormir près de l'eau. Je suis resté une semaine chez Joe, au printemps, et tous les matins j'étais réveillé à sept heures sans pouvoir refermer l'œil.

– J'ai proposé la rivière comme ça, dit Harris ; mais personnellement, ça ne me dit rien à moi non plus. Ça réveille ma goutte.

– Ce qui me réussit le mieux, dis-je, c'est l'air de la montagne. Qu'est-ce que vous diriez d'un voyage en Écosse ?

– Mais c'est partout et toujours humide l'Écosse, s'écria George. Il y a deux ans, j'y ai passé trois semaines et je n'y ai jamais rien pu garder au sec ; ni le corps ni le gosier.

– La Suisse, ce n'est pas mal non plus, suggéra Harris.

Je fis remarquer que jamais nos épouses ne nous laisseraient aller seuls en Suisse.

– Souvenez-vous de ce qui s'est passé la dernière fois, ajoutai-je. Il faut trouver un endroit où une femme et des enfants habitués à un minimum de confort ne peuvent pas vivre. Un endroit avec des hôtels détestables, des moyens de transport atroces, où il faut vivre à la dure, se démener et même, pourquoi pas ? jeûner peut-être...

– Eh ! là, doucement, doucement, fit George ; vous oubliez que je suis du voyage !

– J'ai trouvé ! s'exclama Harris, une balade à vélo.

George, qui restait songeur, fit remarquer :

– Il y a trop de côtes quand on fait du vélo et le vent est toujours contre vous.

– D'accord, mais il y a aussi les descentes avec le vent dans le dos, répondit Harris.

– Je n'ai jamais remarqué, dit George.

– On ne trouvera jamais mieux qu'une balade à vélo, fit Harris.

J'étais assez de son avis.

– Et je vais moi-même vous dire où il faut qu'on aille, continua Harris. Dans la Forêt-Noire.

– Ah, non ! il n'y a que des côtes ! dit George.

– Non, il n'y a pas *que* des côtes, répliqua Harris ; disons qu'il y a deux tiers de côtes. Et quelque chose que vous oubliez. (Il regarda autour de lui, comme avec précaution, laissant filer sa voix jusqu'au murmure.) Il y a aussi de petits trains qui montent ces sacrées côtes, des petits engins avec des roues à crans qui...

La porte s'ouvrit sur Mme Harris venue nous dire qu'Ethelbertha était en train de mettre son chapeau et que Muriel, lasse d'attendre, avait déclamé « Le Thé du Chapelier fou » sans nous.

– A demain, au club, à quatre heures, me chuchota Harris en se levant.

Et je passai la consigne à George dans l'escalier.

CHAPITRE II

Une conversation délicate. Ce qu'Ethelbertha aurait dû dire. Ce qu'elle dit en réalité. Ce que dit Mme Harris. Ce que nous dîmes à George. Nous partirons mercredi. George propose que nous profitions de ce voyage pour enrichir notre esprit. Harris et moi sommes sceptiques. Qui peine le plus sur un tandem ? L'avis de celui qui est devant. Ce que pense celui qui est derrière. Comment Harris " perdit " sa femme. Le problème des bagages. La sagesse de mon vieil oncle Podger. Commencement de l'histoire de l'homme qui...

Le soir même j'entamai le débat avec Ethelbertha. Je fis mine d'être un peu énervé. J'aurais bien aimé qu'elle m'en fasse la remarque. J'aurais pu lui répondre que c'était dû à un peu de surmenage intellectuel. On aurait alors débouché tranquillement sur la santé en général et les mesures draconiennes qu'il convient de prendre pour la conserver. Avec un peu d'astuce, j'aurais pu amener Ethelbertha à croire que c'était elle qui avait pris la décision. Je la voyais me disant : « Non, mon chéri, c'est un changement complet qu'il vous faut. Allez, croyez-moi, partez pour un bon mois. Non, ne me demandez pas de vous accompagner. Je sais bien que vous préféreriez, mais je ne veux pas. C'est d'une ambiance d'hommes que vous avez besoin. Essayez de persuader George et Harris de partir avec vous. Vous pouvez me croire, une tension intellectuelle permanente comme la vôtre nécessite parfois un relâchement et un éloignement de l'environnement familial. Essayez d'oublier pour quelque temps que les enfants ont leur leçon de musique, qu'ils ont besoin de chaussures, et de confiture de rhubarbe trois fois par jour. Oubliez qu'il y a des choses comme des cuisines, des décorateurs, des chiens du voisin et des notes du boucher. Partez vers les coins riants de la terre où tout sera étrange et neuf pour vous ; où votre cerveau surmené pourra se retremper dans la paix et les idées nouvelles. Partez un bon moment. Laissez-moi le temps de vous oublier un peu ; le temps de réfléchir à votre bonté et à toutes vos autres qualités ; car, les ayant sans cesse sous les yeux, je serais bien capable – c'est humain – de ne plus les remarquer ; comme on finit par ne plus remarquer les bienfaits du soleil ou la beauté de la lune. Allez-vous en et revenez-nous reposé de corps et d'esprit, plus brillant, meilleur encore si c'est possible.

Mais, même quand nos vœux se réalisent, ce n'est jamais vraiment tout à fait comme on l'imaginait. D'abord Ethelbertha ne remarqua même pas que j'étais de mauvaise humeur. Il me fallut attirer son attention là-dessus :

– Excusez-moi, mais je ne me sens pas en forme ce soir.

– Ah ! je n'avais pas remarqué, que se passe-t-il ?

– Je ne peux pas dire ce que c'est. Je ressens ça depuis quelques semaines.

– C'est sûrement le whisky, dit-elle. Chaque fois qu'on va chez les Harris, il faut que vous en buviez. Vous savez pourtant que vous ne le supportez pas ; vous n'avez pas la tête très solide.

– Ce n'est pas le whisky. C'est plus grave. J'ai l'impression que c'est plus mental que physique.

– Vous avez encore lu ces critiques, répliqua Ethelbertha avec un peu de sympathie ; pourquoi vous ne m'avez pas écouté quand je vous ai dit de les jeter au feu ?

– Ce ne sont pas les critiques non plus, répondis-je. Les deux ou trois dernières étaient d'ailleurs plutôt flatteuses.

– Alors qu'est-ce que c'est ? Il y a bien une raison ?

– Non, justement, il n'y en a pas. Et c'est bien ce qui m'étonne. Tout ce que je peux dire c'est que je me sens bizarre et agité depuis quelques semaines.

Ethelbertha me jeta un regard un peu curieux. Du moins j'en eus l'impression. Mais comme elle ne dit rien, je continuai :

– Cette monotonie douloureuse de la vie, ces jours paisibles, ce bonheur sans entrave finissent par me peser.

– Je ne vois pas pourquoi on s'en plaindrait, dit Ethelbertha. On pourrait vivre des jours beaucoup moins agréables, vous savez !

– Je n'en suis pas si sûr, répliquai-je. Dans une

vie de bonheur continuel, j'imagine très bien qu'une peine arrive comme une diversion heureuse. Je me demande même si, au paradis, les saints ne trouvent pas leur félicité éternelle un peu lourde. Personnellement, je pense qu'une vie de bonheur sans relâche, sans la moindre anicroche, me rendrait tout simplement fou. Sans doute suis-je un drôle de type ; il y a des moments où je ne me comprends plus. Où j'en arrive à me détester.

Souvent, un petit laïus dans ce genre, en faisant appel à des émotions indescriptibles, parvient à toucher Ethelbertha, mais, ce soir, elle prit son air indifférent. Concernant le paradis et les éventuels effets sur moi, elle me suggéra de ne pas trop m'en faire ; que c'était toujours une folie d'anticiper sur des ennuis qui n'avaient aucune raison de nous tomber dessus. Quant au fait que je me sente un peu bizarre, elle pensait qu'on n'y pouvait rien et qu'à partir du moment où les autres me supportaient, l'affaire était classée. Enfin, la monotonie de la vie étant une épreuve qu'on vit à deux, elle pouvait tout à fait s'entendre avec moi sur ce sujet.

– Vous ne saurez jamais, dit-elle, combien j'ai parfois envie de me sauver ; de tout quitter ; même vous ; mais, comme je sais que ce n'est pas possible, je ne m'arrête pas à ces idées.

Je n'avais encore jamais entendu Ethelbertha tenir de tels discours ; ça m'étonnait et me chagrinait profondément.

– Ce n'est pas une réflexion très gentille, dis-je ; et ce n'est pas le genre de réflexions que devrait faire une épouse.

– Je le sais bien, et c'est même pour ça que je n'en ai jamais parlé auparavant. Vous les hommes, vous ne comprendrez jamais que, malgré tout l'amour dont une femme est capable, il y a des moments où elle se lasse. Vous ne pouvez imaginer combien de fois j'ai eu envie de prendre mon chapeau et de me sauver avant qu'on ait le temps de me demander où j'allais, pourquoi je m'en allais, si je resterais longtemps absente et quand je reviendrais. Vous ne savez pas non plus combien de fois j'ai eu envie de préparer un dîner que les enfants et moi adorerions mais dont la seule vue vous donnerait immédiatement l'envie de mettre votre chapeau pour vous enfuir à votre club. Vous ne savez sans doute pas à quel point j'aimerais inviter ici une amie que j'adore mais que vous détestez ? Comment je voudrais voir les gens que j'ai envie de voir ; me coucher quand je suis fatiguée ; me lever quand je pense que j'ai assez dormi. Seulement, deux personnes qui vivent ensemble, vous le savez bien, sont obligées de sacrifier leurs désirs au bien commun. Voilà pourquoi c'est une bonne chose de donner de temps en temps du mou à toutes ces tensions.

C'est plus tard seulement que j'ai compris tout le bien-fondé et la sagesse des propos d'Ethelbertha ; mais, sur le moment, ils me heurtèrent et m'indignèrent.

– Si vous avez envie, dis-je, de vous débarrasser de moi...

– Ne soyez pas stupide, répondit Ethelbertha. Si

j'avais envie de me débarrasser de vous ce serait pour quelques jours seulement. Le temps d'oublier vos deux ou trois petits défauts et de me persuader que vous êtes le meilleur compagnon de la terre. Le temps de me réjouir en pensant à votre retour. Autrefois, j'étais impatiente de vous revoir, lors de vos absences, parce que je n'avais pas vécu assez longtemps avec vous pour que vous me deveniez indifférent ; comme la lumière du soleil qu'on ne remarque plus parce qu'elle est toujours là.

Je n'aimais pas beaucoup le ton que prenait Ethelbertha. On aurait dit qu'elle se complaisait dans la légèreté, la frivolité et ça ne convenait pas du tout à cette conversation. Le fait de voir une femme considérer l'absence de son mari, pendant trois ou quatre semaines, comme une chose quasi agréable ne me paraissait pas normal – et pour tout dire, peu féminin. Ce n'était pas le genre d'Ethelbertha. Ça m'inquiétait. Finalement, je n'avais plus tellement envie de partir. Sans George et Harris, j'y aurais renoncé. Seulement, vu les circonstances, je ne voyais pas comment je pourrais m'y soustraire avec dignité.

– Bon, Ethelbertha ; comme vous voudrez. Vous avez envie de vous débarrasser de moi pendant quelque temps, vous allez être satisfaite. Mais puis-je savoir, si ce n'est pas une curiosité malsaine de mari, ce que vous comptez faire pendant mon absence ?

– Nous allons louer cette villa, vous savez, à Folkestone, Kate et moi. Si vous voulez faire plaisir à

Clara Harris, essayez de convaincre son mari de partir avec vous ; comme ça, Clara pourra se joindre à nous. Toutes les trois, nous avons passé de sacrés bons moments avant de vous connaître, Messieurs. Ce sera formidable de revivre ces temps-là. Croyez-vous que vous arriverez à persuader Harris de partir avec vous ?

Je répondis que j'allais essayer.

– Vous êtes gentil, dit Ethelbertha. Faites votre possible ; peut-être pourrez-vous aussi décider George à se joindre à vous ?

Je fis remarquer que je ne voyais pas la nécessité d'inviter George puisqu'il était célibataire et que personne ne bénéficierait de son absence. Mais jamais femme ne comprendra l'ironie. Ethelbertha fit seulement observer que ce ne serait pas très amical de partir sans lui et je lui promis d'en parler à George.

Dans l'après-midi, je rencontrai Harris, au club, et je lui demandai où il en était.

– Oh ! c'est formidable, dit-il ; il n'y a aucune objection à mon départ.

Mais il y avait dans sa réponse une sorte de réserve, de retenue et je lui demandai de préciser un peu.

– Quand je lui ai fait part de notre projet, répondit-il, ma femme s'est faite tout miel. Elle trouve l'idée de George merveilleuse et pense que ce voyage va me faire le plus grand bien..

– Bon, jusque-là, tout semble parfait. Qu'est-ce qui cloche alors ?

– Mais rien ! Rien ne cloche à propos de ce voyage ; seulement, elle a abordé un autre sujet.

– J'ai peur de comprendre.

– C'est cet éternel problème de salle de bains.

– Je suis au courant de cette histoire, dis-je ; elle a même réussi à fourrer la même idée dans la tête de ma femme.

– Cette fois, je vais être obligé de la faire refaire. Je n'ai pas pu lui refuser ça, vous comprenez ; elle a été tellement gentille avec moi au sujet de ce voyage. J'en ai au moins pour cent livres.

– Tant que ça ?

– Au moins, oui. Le devis se monte déjà à soixante livres.

Ça me désolait d'entendre tout ça.

– Et puis, il y a aussi le fourneau de la cuisine, continua Harris ; il paraît que si tout va mal dans la maison depuis deux ans c'est la faute de ce fourneau.

– Je connais ça, dis-je. Nous avons habité dans sept maisons différentes depuis que nous sommes mariés ; eh bien, à chaque fois, le fourneau était pire que le précédent. En ce moment, celui que nous avons n'est pas seulement défectueux, il est aussi facétieux. Il devine quand nous avons des invités et, dans ces cas-là, il ne marche plus du tout.

– Nous allons en acheter un neuf, dit Harris embarrassé, parce que Clara pense qu'en groupant les deux dépenses, salle de bains et fourneau, ça coûtera moins cher. Quand une femme a envie d'un diadème de brillants elle vous raconte que c'est pour faire l'économie d'un chapeau.

– A combien reviendrait la réparation de ce fourneau ? (Ça commençait à m'intéresser bigrement.)

– Je ne sais pas, dit Harris. J'en aurais sûrement pour une vingtaine de livres.

On se mit alors à parler de pianos et Harris me demanda si j'avais déjà remarqué qu'on ne trouvait jamais deux pianos avec la même sonorité.

– Oui, répondis-je, certains ont des sons plus graves que d'autres, mais on finit par s'y habituer.

– Le nôtre est faux dans les aigus. Mais, au fait, c'est quoi exactement l'aigu ?

– C'est la partie droite, le bout de l'instrument ; celle qui couine comme si vous lui aviez marché sur la queue. Les plus belles partitions finissent toujours par des fioritures sur ces notes-là.

– Sur le nôtre, c'est lamentable. Il va falloir que je l'installe dans la chambre d'enfants, dit Harris, et que j'en achète un neuf pour le salon.

– Et quoi d'autre ? demandai-je.

– Rien, dit Harris. Pour le moment, elle ne semble pas avoir envie d'autre chose.

– Vous verrez, en rentrant à la maison, qu'elle aura envie de quelque chose de précis.

– Quoi ?

– Une villa à Folkestone pour la saison.

– Et pourquoi aurait-elle envie d'une villa à Folkestone ?

– Pour y habiter cet été, naturellement.

– Mais elle va au Pays de Galles avec les enfants, cet été ; nous sommes invités par sa famille.

– Peut-être ira-t-elle au Pays de Galles avant d'aller à Folkestone ou alors seulement après la saison, mais ce qui est sûr c'est qu'elle aura besoin d'une villa à Folkestone pour l'été. Je me trompe peut-être – je l'espère pour vous – mais j'ai le pressentiment que non.

– Je sens que notre voyage va me coûter cher.

– C'était une idée stupide depuis le début.

– Nous avons été idiots d'écouter George, dit Harris ; un de ces jours il nous fera faire des bêtises.

– Il a toujours eu des idées bizarres.

– Il est tellement têtu !

Au même instant, on entendit la voix de George, dans le hall, demandant son courrier.

– Le mieux, c'est encore de ne rien lui dire, murmurai-je ; il est trop tard pour reculer.

– Ça ne servirait à rien, dit Harris ; de toute façon, il faudra quand même que je refasse cette maudite salle de bains et que j'achète un nouveau piano.

George entra à ce moment, tout joyeux.

– Alors, dit-il, tout va bien ? Vous avez avancé un peu ?

Il y avait quelque chose de déplaisant dans sa manière de parler et je notai que Harris lui aussi l'avait remarqué.

– Avancé dans quoi ? demandai-je.

– Mais... dans notre voyage !

Je sentis que le moment était venu d'avoir une bonne explication avec George.

– Dans un ménage, dis-je, l'homme propose et la femme acquiesce. C'est là son devoir. Toutes les religions enseignent ça.

George joignit les mains et se mit à fixer le plafond.

– Il nous est souvent arrivé de rire et de plaisanter de tout cela, dis-je, mais voyons un peu comment ça se passe en réalité. Bon, on a dit à nos femmes qu'on allait faire un voyage. Naturellement, ça leur a fait un peu de peine parce qu'elles auraient bien aimé venir avec nous ; ou que l'on reste avec elles. Mais nous leur avons montré que nos intentions étaient fermes et ça a mis fin à toute discussion.

– Excusez-moi, je n'avais pas compris ça. Je suis un pauvre célibataire, j'entends les gens raconter ceci et cela et j'écoute.

– C'est bien là votre erreur, répliquai-je ; quand vous voudrez une bonne explication, adressez-vous à Harris ou à moi et vous aurez toujours la vérité sur ces questions.

George nous remercia et nous revînmes à notre projet.

– Quand partons-nous ? demanda George.

– Pour ma part, le plus tôt sera le mieux, répondit Harris.

J'eus l'impression qu'il voulait que l'on parte avant que Mme Harris ne formule d'autres projets. Nous nous décidâmes pour le mercredi suivant.

– Et où allons-nous ? Demanda Harris.

– J'ai une idée, dit George. Je suppose, mes amis, que vous avez envie de vous cultiver ?

– Sans avoir envie de devenir des phénomènes, oui, à un degré raisonnable et si l'on peut y arriver sans trop d'efforts ni dépenses excessives.

– C'est possible, dit George. Nous connaissons la Hollande et le Rhin, n'est-ce pas ? Alors je propose que l'on prenne un bateau jusqu'à Hambourg, que l'on visite Berlin et Dresde, et que l'on poursuive vers la Forêt-Noire en passant par Nuremberg et Stuttgart.

– On m'a parlé de sites admirables en Mésopotamie, murmura Harris.

George fit remarquer que la Mésopotamie était quand même un peu trop à l'écart de l'itinéraire envisagé mais que le trajet Berlin-Dresde était tout à fait raisonnable. Et, pour le meilleur ou le pire, il nous persuada.

– Quant aux engins, dit George, je propose que, comme d'habitude, Harris et moi prenions le tandem et J...

– Non, interrompit Harris, j'aime autant que J. et vous preniez le tandem et moi le vélo.

– Ça m'est égal, répondit George, J. et moi sur le tandem et Harris...

– Je veux bien prendre le tandem, dis-je, mais pas traîner George tout le temps. Il faut se partager la corvée.

– Très bien, dit Harris, on la partagera mais il n'est pas question qu'il se laisse tirer. Il faudra qu'il fasse des efforts.

– Qu'il fasse quoi ? s'exclama George.

– Qu'il fasse des efforts ! répéta Harris ; au moins dans les côtes.

– Grands dieux ! dit George, vous n'avez donc pas envie de faire un peu d'exercice ?

Ce sacré tandem est toujours un sujet de discorde. Celui qui est devant est toujours persuadé que celui de derrière ne fait rien. Et, bien sûr, celui de derrière pense qu'il est le seul à faire avancer l'engin pendant que celui de devant ne fait que souffler. C'est une énigme insoluble. Au moment où la Prudence vous murmure de vous ménager sous peine d'infarctus tandis que la Justice vous laisse entendre que ce n'est pas à vous de faire tout le travail, que ce tandem n'est pas un fiacre où vous promenez votre ami, c'est incroyablement agaçant de s'entendre dire : « Qu'est-ce qu'il se passe, vous avez perdu les pédales ? »

Dans les premiers temps de son mariage, Harris a eu de gros ennuis parce que justement il ne put savoir ce qui se passait derrière lui.

Il visitait la Hollande à vélo avec sa femme ; les routes étaient pavées et l'engin sautait formidablement.

– Tenez-vous bien ! avait lancé Harris sans se retourner.

Mais Mme Harris avait cru entendre : « Sautez ! »

Ils ne purent jamais comprendre comment l'une avait pu entendre : « Sautez ! » quand l'autre avait dit : « Tenez-vous bien ».

Mme Harris n'en démordait pas :

– Si vous m'aviez dit : « Tenez-vous bien ! », pourquoi aurais-je sauté ?

A quoi Harris répliquait :

– Si j'avais voulu que vous sautiez, pourquoi aurais-je crié : « Tenez-vous bien ! »

Même aujourd'hui que l'amertume est passée, il leur arrive encore de se disputer à ce sujet.

Qu'on l'explique comme on voudra, toujours est-il que Mme Harris a bel et bien sauté alors que son mari pédalait comme un fou, certain d'avoir sa femme derrière lui. D'abord, elle avait cru qu'il voulait lui montrer comment il allait gravir la côte à toute vitesse. Ils étaient jeunes, alors, et il lui arrivait souvent de faire de semblables démonstrations. Elle s'attendait à le voir, au sommet de la côte, sauter de son engin et l'attendre, dans une attitude désinvolte et gracieuse, nonchalamment appuyé au guidon. Mais quand elle le vit disparaîre au sommet et entamer la descente à vive allure, elle fut surprise, puis indignée et enfin affolée. Elle se mit à courir en criant mais il ne se retourna même pas. Comme ils avaient eu une petite altercation, le matin, elle se demanda s'il n'avait pas pris la chose trop au sérieux et décidé de disparaître. Elle le vit s'enfoncer dans un petit bois, à environ un kilomètre et demi. Alors, elle s'effondra et se mit à pleurer. Elle n'avait pas d'argent et ne savait pas un mot de hollandais. Quelques passants la prirent en pitié, à qui elle essaya de faire comprendre ce qui venait d'arriver. Ils comprirent qu'elle avait perdu quelque chose mais ils ne pouvaient deviner quoi. Ils l'accompagnèrent au village voisin et allèrent chercher un gendarme. Celui-ci, au vu de ses gesticulations, comprit qu'on lui avait volé son vélo. On mit le télégraphe en branle et l'on finit par découvrir, dans un village voisin, à quatre kilomètres de là, un malheureux gamin qui se promenait sur une vieille bécane de femme. On l'amena, lui et le vélo, dans une charrette, à Mme Harris, mais comme elle semblait ne se soucier ni du vélo ni du gamin, on les remit tous deux en liberté sans plus chercher à comprendre le fin mot de l'histoire.

Pendant ce temps-là, Harris pédalait avec un plaisir grandissant. Il lui semblait être devenu subitement beaucoup plus fort et surtout bien meilleur cycliste. Il s'adressa alors à ce qu'il croyait être Mme Harris :

– Jamais cet engin ne m'a semblé aussi léger. C'est sûrement le bon air qui me fait du bien.

Il lui demanda aussi de ne pas s'inquiéter car il allait lui montrer à quelle vitesse il pouvait rouler. Il se coucha carrément sur le guidon et se mit à pédaler de tout son cœur. Le vélo bondissait sur la route comme s'il avait des ailes. On distinguait à peine les églises, les fermes, les chiens et les poules sur le bord du chemin. Des vieillards s'arrêtaient, pleins d'admiration, des gamins applaudissaient.

Il continua ce train pendant environ cinq kilomètres. C'est alors, comme il le raconta plus tard, qu'il eut l'impression que quelque chose ne tournait pas rond. Ce n'était pas le silence qui l'étonnait – le vent sifflait à ses oreilles et le vélo brinquebalait à tout rompre –, c'était plutôt comme un sentiment d'absence. Il étendit la main derrière lui et ne sentit que le vide. Il s'arrêta et sauta, ou plutôt il tomba littéralement de son engin et se mit à scruter la route derrière lui. Elle s'étendait droite et blanche à travers la forêt sombre et l'on n'y voyait âme qui vive. Il se remit en selle et revint vers le sommet de la côte. Au bout de dix minutes il arriva à un endroit où la route se divisait en quatre directions. Il mit alors pied à terre en se demandant quel chemin il avait pris tout à l'heure.

Pendant qu'il réfléchissait ainsi, un homme passa, assis en amazone sur son cheval. Harris l'arrêta et essaya de lui faire comprendre qu'il venait de perdre sa femme. L'homme ne parut ni surpris ni compatissant. Pendant qu'ils parlaient ainsi, un autre paysan vint à passer auquel le premier raconta l'aventure de Harris, non pas comme s'il parlait d'un accident, mais comme on le ferait d'une histoire drôle. Ce qui avait l'air de surprendre le dernier venu, c'était que Harris fasse tant de bruit pour ça. Il ne put rien tirer de l'un ni de l'autre. En les maudissant, il enfourcha son vélo et prit au hasard la route du milieu. A mi-côte, il rencontra un joyeux trio : deux femmes et un jeune homme. Il pensa qu'ils pourraient lui venir en aide et leur demanda s'ils avaient vu sa femme. Ils voulurent savoir comment elle était. Harris ne parlait pas assez bien hollandais pour en faire la description détaillée. Tout ce qu'il put leur dire, c'est qu'elle était très jolie et de taille moyenne. Évidemment, ça ne leur disait pas grand-chose ; c'était un peu général. N'importe qui pouvait faire une telle description et se retrouver comme ça avec une femme qui n'était pas la sienne. Ils lui demandèrent comment elle était habillée. Ç'aurait été une question de vie ou de mort, il n'aurait pu s'en souvenir.

Je ne suis pas certain qu'un homme venant de quitter une femme depuis dix minutes soit capable de dire comment elle est habillée. Il se souviendra d'une jupe bleue, d'une « chose » qui prolongeait la jupe jusqu'au cou, peut-être une blouse – et il aura alors le vague souvenir d'une ceinture –, mais quelle sorte de blouse et de quelle couleur ? Verte, jaune ou bleue ? Cette blouse avait-elle un col ou se fermait-elle par un nœud ? La femme avait-elle des fleurs à son chapeau ou des plumes ? Et d'abord, avait-elle un chapeau ? Aussi, Harris n'osait pas donner trop de précisions, de peur de se tromper et d'être envoyé, à des kilomètres de là, sur une fausse piste. Les deux jeunes femmes ricanaient, ce qui, vu les circonstances, avait le don de l'exaspérer. Quant au jeune homme, visiblement désireux de se débarrasser de Harris, il lui suggéra de s'adresser à la police de la ville la plus proche.

Ce qu'il fit. Au commissariat, on lui remit une feuille de papier en lui demandant de faire une description aussi fidèle que possible de sa femme, sans oublier de donner des détails sur le lieu et l'heure de la disparition. Or, il ne savait pas où il l'avait perdue. Tout ce qu'il pouvait préciser, c'était le nom du village où ils avaient déjeuné. Là, il était sûr de l'avoir à ses côtés ; sûr qu'ils avaient quitté l'endroit ensemble.

Le commissaire semblait soupçonneux. Trois choses lui laissaient des doutes. D'abord, était-elle vraiment sa femme ? Ensuite, l'avait-il vraiment perdue ? Et enfin, pourquoi l'avait-il perdue ? Avec l'aide d'un aubergiste qui parlait quelques mots d'anglais Harris parvint à effacer ses soupçons. Le commissaire promit de faire son possible et, le soir, des policiers lui ramenèrent sa femme dans une voiture fermée et lui présentèrent l'addition. Les retrouvailles ne furent pas très tendres. Mme Harris n'est pas très bonne comédienne. Elle a toujours éprouvé beaucoup de peine à cacher ses sentiments. Cette fois-là, elle l'avoue aujourd'hui, elle n'essaya même pas.

Le problème des vélos étant réglé, se posa l'éternelle question des bagages.

– La liste habituelle, je suppose ? dit George en se préparant à écrire.

Cette liste habituelle, c'était le résultat de beaucoup de réflexions sur le sujet auxquelles s'ajoutait la sagesse que mon oncle Podger m'avait enseigné quelques années auparavant.

– Avant de faire vos malles, disait-il, faites une liste.

C'était un homme méthodique.

– Prenez une feuille de papier (il reprenait toujours au début) et notez tout ce dont vous pouvez avoir besoin. Ensuite, relisez votre liste en essayant de voir s'il n'y a pas quelque chose dont vous pourriez vous passer. Par exemple, vous êtes au lit. Que portez-vous ? Bien, inscrivez-le et ajoutez-en un de rechange. Vous vous levez : Que faites-vous ? Votre toilette ? Avec quoi vous lavez-vous ? Du savon ? OK, inscrivez : savon. Et comme ça, jusqu'à la fin. Bon. Prenons maintenant les vêtements. Commencez par les pieds. Qu'avez-vous aux pieds ? Des boots, des souliers bas, des chaussettes ? Inscrivez. Un tire-bouchon ? Notez-le. Notez tout et vous n'oublierez jamais rien.

Il s'en tenait toujours strictement à sa formule. La liste achevée, il la relisait soigneusement, ainsi qu'il le recommandait également, pour voir s'il n'avait pas oublié quelque chose. Enfin, il la relisait encore une dernière fois en essayant de supprimer ce dont il pouvait se passer.

Et après, il égarait la liste.

George fit alors remarquer qu'on pourrait très bien ne prendre avec nous, sur les vélos, que le strict nécessaire pour un jour ou deux et faire transiter le gros des bagages de ville en ville.

– Il faut faire attention, dis-je, j'ai connu une fois un homme qui...

Harris donna un coup d'œil à sa montre :

– Vous nous raconterez la suite sur le bateau, dit-il. J'ai rendez-vous avec Clara à Waterloo Station dans une demi-heure.

– Ça ne prendra pas une demi-heure, dis-je, c'est une histoire vraie et...

– Alors gardez-la en mémoire, dit George, je me suis laissé dire qu'il y avait pas mal de soirées pluvieuses dans la Forêt-Noire et nous vous en saurons gré dans ces moments-là. Pour l'instant, nous devrions nous occuper de notre liste.

Il me vient d'ailleurs à l'esprit que je n'ai jamais eu l'occasion de terminer mon histoire. Il y a toujours eu quelque chose pour m'empêcher de la poursuivre. Et pourtant, c'était une histoire vraie.

CHAPITRE III

Le seul défaut de Harris. Harris et son ange. Un phare de vélo breveté. La selle idéale. Le bricoleur. Son regard d'aigle. Ses méthodes. Sa pleine confiance en soi-même. Ses goûts simples et modestes. Son aspect. Comment s'en débarrasser. George-le-prophète. L'art et la manière de se rendre odieux dans une langue étrangère. George et l'étude de la nature humaine. Il propose une expérience. Sa prudence. Harris lui promet son concours en posant ses conditions.

Le lundi après-midi, Harris vint me voir avec le catalogue d'un marchand de vélos.

– Si vous voulez mon avis, lui dis-je, laissez tomber ça.

– Que je laisse tomber quoi ?

– Ce nouvel engin révolutionnaire et breveté qui doit battre tous les records. Cette niaiserie, plutôt, dont vous avez le prospectus dans les mains.

– Je ne sais pas, dit-il. Nous allons avoir de sacrées côtes à grimper et à descendre ; m'est avis qu'on va avoir besoin de bons freins.

– D'accord, on aura besoin de bons freins, répondis-je, mais on n'aura sûrement pas besoin d'un truc incompréhensible et qui ne marche jamais quand on veut s'en servir.

– Ce truc-là est automatique, dit-il.

– Pas la peine de me le dire, répondis-je. Je sais même exactement comment il fonctionne. Dans les côtes, il vous bloque tellement les roues que vous êtes obligé de pousser les vélos à la main. Arrivé au sommet, le bon air lui fait du bien et il redevient tout à fait normal. Dans la descente, ce truc se met à réfléchir aux ennuis qu'il vous a donnés, il en a des remords et finit même par se désoler en se disant qu'il est le dernier des freins ; qu'il n'est pas du tout coopérant avec vous ; qu'il ne fait que vous gêner et que, finalement, il n'est qu'un nuisible. Alors, sans crier gare, il abandonne tout. Vous verrez. C'est exactement ce que va faire votre frein. Laissez tomber ça, Harris. Vous êtes un type bien. Vous n'avez qu'un seul défaut.

– Et lequel, s'il vous plaît ? demanda-t-il indigné.

– Vous êtes trop confiant, lui dis-je. Dès que vous voyez une publicité, vous marchez à fond, vous y croyez dur comme fer. Vous avez essayé toutes les inventions que les types les plus farfelus ont mis au point en matière de cyclisme. Votre ange gardien semble pourtant un esprit compétent et consciencieux qui, jusqu'ici, vous a convenablement protégé. Croyez-moi, ne le poussez pas à bout. Vous lui avez donné assez de travail depuis que vous faites du vélo. Tâchez de ne pas le rendre fou.

– Si tout le monde pensait comme vous, on ne ferait pas beaucoup de progrès dans les différentes activités humaines. Si personne n'essayait les inventions nouvelles, le monde resterait figé. C'est d'ailleurs pour ça que...

– Oui, je connais tous les arguments pour, interrompis-je. Je suis même d'accord pour tout essayer jusqu'à trente-cinq ans ; au-delà, je pense qu'un homme est en droit de penser un peu à soi-même. Vous ne croyez pas que tous les deux nous avons assez donné de ce côté-là ? Vous spécialement ? N'avez-vous pas été projeté en l'air par l'explosion de votre phare à gaz ?

– D'accord, mais là, c'était de ma faute. J'avais trop serré une vis.

– C'est vrai que, s'il existe une mauvaise manière de manipuler les objets, c'est bien la vôtre. Vous devriez en tenir compte. Ça donne du poids à mes arguments. Rappelez-vous : je ne faisais pas attention à ce que vous étiez en train de faire. Je me souviens que nous roulions tranquillement sur la route de Whitby et que nous parlions de la guerre de Trente Ans, quand votre phare a explosé comme un coup de feu et que le bruit m'a projeté dans le fossé. Je garderai toujours en mémoire la tête de votre femme quand on lui a dit de ne pas s'inquiéter, que tout allait bien, que les deux types qui vous portaient allaient vous installer dans votre chambre et que le docteur viendrait dans une minute avec l'infirmière.

– Je regrette que vous n'ayez pas pensé à récupérer ce phare. J'aurais bien voulu savoir pourquoi il avait explosé.

– Je n'ai pas eu le temps matériel de ramasser

votre phare. D'après mes calculs il aurait fallu plus de deux heures pour en rassembler tous les morceaux. Quant aux raisons de l'explosion, il me semble que le seul fait d'avoir été présenté, dans l'annonce publicitaire, comme le phare le plus sûr jamais inventé aurait éveillé chez tout autre que vous l'idée qu'un accident était probable.

– Il y a eu ensuite ce fichu phare électrique.

– Ah, celui-là, il éclairait vraiment bien ! D'ailleurs, vous-même en conveniez.

– Il a éclairé avec une intensité formidable tant que nous étions dans King's Road, à Brighton. Tellement même, qu'il a affolé un cheval. Mais, une fois dans l'obscurité, après Kemp Town, il s'est éteint – vous avez même eu une contravention pour défaut d'éclairage. Je suppose que vous vous souvenez également de certains après-midi ensoleillés, quand vous rouliez avec votre phare qui brillait de tous ses feux ; en revanche, au moment où l'on avait besoin de lumière, il était à bout, naturellement, et avait envie de se reposer.

– Je reconnais qu'il était un peu agaçant, celui-là. Je m'en souviens très bien.

– Maintenant, passons aux selles de vélo, poursuivis-je car j'avais envie de lui donner une leçon. Pouvez-vous me dire s'il existe une seule selle dont vous ayez entendu parler et que vous n'ayez pas essayée ?

– Je pense que la selle idéale reste à inventer.

– Laissez tomber cette idée. Nous vivons dans un monde imparfait où joies et peines sont mêlées. Peut-être existe-t-il un monde meilleur où les selles de vélo sont taillées dans un arc-en-ciel et rembourrées de nuages ? Ici-bas, même les choses les plus simples exigent un effort. Vous rappelez-vous cette selle achetée à Birmingham ? Elle était fendue au milieu et on aurait dit un rognon.

– Vous voulez parler de celle qui était fabriquée selon des données anatomiques ?

– Oui, sûrement, répondis-je. Quand vous l'avez achetée, elle était dans une boîte avec un dessin qui représentait un squelette assis ; ou plutôt, la partie du squelette qui sert à s'asseoir.

– C'était très bien fait, dit-il. Ça vous montrait la position parfaite du...

– N'entrons pas dans les détails, voulez-vous, lui répliquai-je ; ce dessin m'a toujours semblé obscène.

– Sur le plan médical, il n'y avait rien à dire.

– Possible, mais seulement pour quelqu'un qui ferait du vélo vêtu simplement de ses os ! Ce que je sais, pour l'avoir essayée, c'est que c'était un calvaire pour un homme de chair. Chaque fois que je passais sur un caillou ou dans un nid de poule, c'était comme une morsure ; j'avais l'impression d'être assis sur un homard en colère. Et pourtant vous avez roulé là-dessus pendant un mois entier.

– Je pensais qu'il était nécessaire de lui faire subir une épreuve loyale.

– C'est surtout à votre famille que vous avez fait subir une loyale épreuve si vous me permettez l'expression. Votre femme m'a avoué que jamais, depuis votre mariage, elle ne vous avait vu si mal luné, si mauvais chrétien, qu'au cours de ce mois. Vous vous souvenez aussi d'une autre selle avec des ressorts ?

– Vous voulez parler de « la Spirale » ?

– Je veux parler de celle qui vous catapultait comme un diablotin dont on ouvre la boîte. Alors vous retombiez parfois au bon endroit mais parfois à côté. Je n'évoque pas ces souvenirs pour vous faire de la peine mais seulement pour vous montrer qu'à votre âge c'est folie de se livrer sans cesse à de nouvelles expériences.

– J'aimerais bien que vous n'insistiez pas sur mon âge, dit-il. Un homme de trente-quatre ans...

– Un homme de combien ?

– Bon, si vous ne voulez pas de ce frein, s'exclama-t-il, laissez-le. Mais si votre engin s'emballe dans une descente et vous projette sur le toit d'une église, ne venez pas vous plaindre !

– Je ne promets rien pour ce qui concerne George ; car vous savez qu'un rien peut l'énerver. Si jamais un tel accident arrive, il se fâchera sans doute mais je lui expliquerai que vous n'y êtes pour rien.

– Est-ce qu'il est en bon état ?

– Le tandem ? Il est impeccable.

– L'avez-vous vérifié ?

– Non, je ne l'ai pas vérifié et personne ne le vérifiera. L'engin est actuellement en bon état de marche et il le restera jusqu'à notre départ.

Je sais ce que ce genre de vérifications peuvent donner. J'ai connu un homme, à Folkestone, rencontré aux courses, un soir, et qui me proposa une longue balade à vélo pour le lendemain. J'acceptai. Je me levai tôt – tôt pour moi, et ce me fut un effort dont je fus fier. Il arriva avec une demi-heure de retard. Je l'attendais dans le jardin. C'était une merveilleuse journée.

– Quelle machine formidable, dit-il. Ça marche comment ?

– Comme un vélo, répondis-je ; assez facilement le matin, un peu plus difficilement après le déjeuner.

Il l'empoigna entre fourche et guidon et le secoua violemment.

– Arrêtez, m'écriai-je, vous allez l'abîmer !

Je me demandais bien pourquoi il le secouait ainsi. Il ne lui avait rien fait, ce vélo ! De plus, s'il avait eu envie d'être secoué j'étais assez grand pour le faire moi-même. Ça me faisait plus de mal que s'il avait battu mon chien.

– Votre roue avant est voilée, dit-il.

– Pas quand vous cessez de la secouer comme ça.

En fait cette roue n'avait absolument rien de voilé.

– C'est très dangereux, ajouta-t-il. Vous avez un tournevis ?

Là, j'aurais dû être plus ferme ; mais je pensais qu'il avait peut-être de bonnes connaissances en mécanique. J'ouvris ma boîte à outils pour voir ce que je pouvais trouver. Quand je revins, il était assis par terre, la roue avant entre les jambes. Il s'amusait à la faire tourner avec ses doigts. Le reste du vélo gisait sur le gravier à côté de lui.

– Il lui est arrivé quelque chose, à cette roue avant, dit-il.

– J'en ai l'impression, répondis-je – mais c'était un de ces types qui ne comprennent rien à l'humour.

– On dirait que le pignon est faussé.

– Ne vous fatiguez pas pour si peu, dis-je ; remontons la roue et partons.

– Maintenant qu'elle est démontée, répondit-il, autant regarder ce qui ne va pas.

Il parlait de cette roue comme si un accident l'avait arrachée. Et, avant que j'ai pu l'en empêcher, il avait dévissé quelque chose quelque part, libérant deux ou trois douzaines de petites billes qui roulèrent sur le chemin.

– Rattrapez-les ! hurla-t-il, rattrapez-les ! il ne faut pas en perdre une seule.

Il avait l'air très inquiet à leur sujet.

Après avoir rampé pendant plus d'une demi-heure, nous en retrouvâmes seize. Il espérait qu'on les avait toutes car ça risquait d'être un peu gênant pour le bon fonctionnement du vélo. Il précisa qu'il n'y avait rien de plus important, en démontant un vélo, que de faire attention à ne pas perdre une seule de ces petites billes. Qu'il fallait les compter pour être sûr de ne pas en oublier en remontant la roue. Je lui promis de suivre son conseil le jour où je démonterais un vélo. Je rangeai les billes dans mon chapeau que je posai sur une marche de l'entrée. J'avoue maintenant que ce ne fut pas une très bonne idée. Que ce fut même une idée idiote. Je ne suis pourtant pas un écervelé. C'est sûrement l'influence de ce type qui m'avait fait faire ça.

Il m'expliqua alors qu'il allait vérifier la chaîne et, aussitôt, il se mit en devoir de démonter le dérailleur. Je fis l'impossible pour l'en dissuader ; je lui répétai le conseil solennel que m'avait donné un ami plein d'expérience : « Si vous avez des problèmes de dérailleur, vendez tout de suite votre vélo et achetez-en un autre, ça vous coûtera moins cher. » Il répondit :

– Ce sont les gens qui sont nuls en mécanique qui parlent comme ça ; rien n'est plus facile que de démonter un dérailleur.

Je dois reconnaître qu'il avait raison. En moins de cinq minutes le dérailleur gisait sur le sol, en morceaux, tandis qu'en rampant il se mettait à la recherche des vis. Il fit observer que les vis disparaissent toujours et de manière mystérieuse.

Nous étions encore à leur recherche quand Ethelbertha sortit de la maison. Elle eut l'air très surprise de nous voir encore là car elle nous croyait partis depuis longtemps.

– Ça ne va plus être bien long, maintenant, dit notre homme. J'aide seulement votre mari à réviser son vélo. C'est un bon engin mais il a besoin d'une révision complète de temps en temps.

Ethelbertha répondit :

– Pour vous laver vous irez dans la buanderie, si vous n'y voyez pas d'inconvénient. La bonne vient juste de faire les chambres.

Elle ajouta que, si elle rencontrait Kate, elles iraient sûrement faire un tour en barque mais qu'elle serait rentrée pour déjeuner. J'aurais donné un louis d'or pour pouvoir l'accompagner. Ça me rendait complètement malade de voir cet abruti en train de mettre mon vélo en morceaux. Le bon sens ne cessait de me murmurer : « Arrête-le avant qu'il ne fasse une autre bêtise. Il existe un droit qui permet de se protéger contre les ravages des fous furieux. Prends-le par la peau du cou et fiche-le dehors avec un bon coup de pied quelque part. » Mais je suis faible quand il s'agit de heurter la sensibilité des autres, aussi je le laissai tripatouiller mon vélo.

Il abandonna la recherche des vis en disant qu'elles avaient le chic pour réapparaître au moment où l'on s'y attendait le moins. Ce qui l'intéressait, maintenant, c'était la chaîne. Il la tendit jusqu'à ce qu'elle ne puisse plus bouger d'un pouce. Puis il la détendit de nouveau et elle se trouva deux fois plus lâche qu'elle n'était auparavant. Il décréta alors qu'il valait mieux remettre la roue avant en place. Je maintins la fourche écartée et il se mit à forcer sur la roue. Au bout de dix minutes je lui proposai de tenir la fourche pendant que j'essayerais, à mon tour, de remettre la roue. Nous changeâmes de place et, une minute plus tard, il lâchait tout et se mettait à courir autour du terrain de croquet, les mains serrées entre les cuisses. En trottinant, il m'expliqua qu'une des choses à laquelle il fallait toujours faire attention c'était d'éviter de se pincer les doigts entre la fourche et les rayons de la roue. Je lui répondis que, d'après ma propre expérience, je pensais qu'il y avait du vrai dans ce qu'il disait. Il s'enveloppa les mains dans un torchon et nous essayâmes encore. Au moment où nous venions de réussir à remettre la roue en place, il éclata de rire. Et quand je lui demandai ce qu'il y avait de drôle, il répondit :

– Je suis un âne !

C'était la première phrase sensée que j'entendais depuis le début de cette matinée. Je lui demandai comment il s'en était rendu compte et il répondit :

– Nous avons oublié les billes !

Je jetai un coup d'œil à mon chapeau. Il était sens dessus dessous au milieu du chemin et le chien préféré d'Ethelbertha était en train d'avaler les billes aussi vite qu'il le pouvait.

– Il va se tuer ! s'écria Ebbson – je ne l'ai jamais revu depuis ce jour, ce type, Dieu merci, mais je crois bien qu'il s'appelait Ebbson –, elles sont en acier.

– Ce n'est pas le chien qui m'inquiète, répondis-je. Cette semaine il a déjà mangé un lacet de bottines et un paquet d'aiguilles. La nature est un très bon guide. Les jeunes chiens ont sans doute besoin de ce genre de fortifiants. Non, ce qui m'inquiète, c'est mon vélo.

Il était visiblement dans de bonnes dispositions car il répondit :

– Bon, remettons en place tout ce que nous retrouvons et à la grâce de Dieu !

Nous retrouvâmes onze billes. Nous en plaçâmes six d'un côté et cinq de l'autre.

Une heure et demie plus tard, la roue était enfin à sa place. Je dois préciser qu'alors elle était bel et bien voilée. Un enfant s'en serait aperçu. Ebbson expliqua que ça marcherait quand même. Il avait l'air un peu fatigué. Seul, il serait sûrement rentré chez lui, mais j'avais la ferme intention de le forcer à finir son travail. Toute idée de promenade m'avait quitté. Il avait tué en moi jusqu'au goût du vélo. Mon seul désir, maintenant, c'était de le voir peiner, se pincer, se couper, se cogner. Je ranimai même ses défaillances avec des encouragements et un verre de bière en lui disant :

– Vous regarder est plein d'enseignement pour moi. Ce ne sont pas seulement votre habileté et votre dextérité qui me fascinent ; votre merveilleuse confiance en vous et votre espoir inébranlable sont aussi extraordinaires.

Ainsi encouragé, il s'efforça de remettre le dérailleur en place. Appliquant le vélo sur le mur de la maison, il s'escrima un moment sur un côté puis, l'appuyant contre un arbre, il s'affaira de l'autre. Ensuite je tins le vélo haut levé pendant que, allongé par terre, la tête entre les roues, il bricolait par en dessous et que l'huile lui dégoulinait sur la figure. A la fin, il me prit le vélo des mains, se cassa en deux au-dessus du cadre comme une besace vide, perdit pied, glissa et tomba sur la tête. A trois reprises il s'écria :

– Dieu merci, c'est fini !

Puis il jura par deux fois :

– Mais non ! sacré bon Dieu, ça ne va pas du tout.

Je préfère ne pas me souvenir de ce qu'il dit la troisième fois.

Ensuite, perdant patience, il se mit à brutaliser le vélo qui, je fus très heureux de le constater, avait du répondant. Car les événements qui suivirent dégénérèrent en ce qu'il faut bien appeler une bataille rangée entre lui et le vélo. A certains moments le vélo était sur le gravier et lui par-dessus, à d'autres moments les positions étaient inversées : lui sur le gravier et le vélo au-dessus. Parfois on le voyait campé, fier de sa victoire, le vélo calé entre ses jambes, mais le triomphe était de courte durée : d'un seul coup, l'engin se dégageait en se retournant contre lui et venait lui donner un violent coup de guidon à la tête.

A treize heures trente, il se releva, sale, ébouriffé, du sang coulant d'une estafilade, et dit :

– Je crois que ça va aller.

Et il leva le front pour s'essuyer.

Le vélo, lui aussi, semblait en avoir assez. C'était difficile de dire lequel des deux avait reçu la correction la plus sévère. J'amenai Ebbson dans la buanderie où il fit son possible pour se nettoyer sans cristaux de soude ni serviette propre. Après quoi je le renvoyai chez lui.

Je fis alors charger le vélo sur un fiacre pour l'amener chez le réparateur le plus proche.

Le contremaître s'approcha et dit :

– Qu'est-ce que vous voulez que je fasse de ça ?

– Je voudrais que vous le remettiez en état, autant que faire se peut, dis-je.

– Il est quand même un peu démoli, dit-il. Bon, je vais essayer de voir ce que je peux faire.

Il fit de son mieux et ça me coûta deux livres et demie. Mais ce ne fut jamais plus le même vélo et je finis par le confier à un revendeur à la fin de la saison. Je ne voulais rouler personne et exigeai que l'annonce précise bien qu'il s'agissait d'un vélo de l'année passée. Le revendeur me demanda de ne pas préciser la date :

– Dans ce commerce, le problème n'est pas de savoir ce qui est vrai ou ce qui est faux. Le problème est de savoir ce que vous pouvez arriver à faire croire aux gens. Maintenant, entre nous soit dit, on ne dirait pas un vélo de l'année dernière ; on lui donnerait bien dix ans ! Ne donnons pas de date et essayons d'en tirer ce que nous pourrons.

Je le laissai régler l'affaire, et quelque temps après il me remit cinq livres en m'expliquant que c'était plus qu'il n'en avait jamais espéré.

Il y a deux manières de jouir d'un vélo. En « bricoleur » ou en randonneur et, en vérité, je me demande si ce n'est pas celui qui bricole qui a le plus de satisfactions. En effet, le bricoleur est indépendant du temps, du vent et l'état de la route lui est indifférent. Donnez-lui un tournevis, un vieux chiffon et une burette d'huile, de quoi s'asseoir et le voilà heureux pour toute une journée. Il a bien quelques petits désagréments : le bonheur parfait n'est pas de ce monde. C'est vrai qu'il ressemble souvent à un chaudronnier et que lorsqu'on voit son vélo on a l'impression qu'il a essayé de le maquiller. En fait ce n'est pas grave car il dépasse rarement la première borne kilométrique. L'erreur serait de croire qu'on puisse tirer du même vélo ces deux sortes de plaisir. C'est impossible. Aucun engin ne peut supporter ça. Il faut choisir : ou bricoleur ou randonneur. Personnellement, je préfère rouler et c'est pourquoi j'évite soigneusement tout ce qui pourrait me donner l'idée de « bricoler » mon vélo. Dès qu'il lui arrive un pépin, je le pousse tout de suite chez le réparateur le plus proche. Si je suis trop loin d'une ville ou d'un village, je m'assieds sur le bord de la route et j'attends le passage d'une voiture. Je sais que mon plus grand péril réside, à ces moments-là, dans le passage d'un bricoleur en balade. La vue d'un vélo en panne est pour un bricoleur ce qu'un cadavre abandonné est pour un corbeau. Il se jette dessus avec un hurlement de triomphe. Au début, j'essayais de rester poli. Je disais :

– Ce n'est rien. Ne vous inquiétez pas. Continuez votre promenade. Amusez-vous bien. Je vous le demande comme une faveur : laissez-moi.

L'expérience m'a malheureusement appris que la courtoisie n'était pas de mise dans ces extrémités. Maintenant je crie :

– Fichez le camp et laissez ce truc tranquille ou je me paye votre tête d'abruti.

Un bâton à la main et avec l'air déterminé, on arrive à les faire déguerpir.

George arriva à la fin de l'après-midi :

– Alors, vous pensez que tout sera prêt ?

– Tout sera prêt mercredi ; sauf peut-être Harris et vous.

– Et le tandem, ça va ?

– Le tandem ? C'est bon.

– Vous ne pensez pas qu'il aurait besoin d'une petite révision ?

– L'âge et l'expérience m'ont appris qu'il y a peu de sujets sur lesquels un homme peut être affirmatif.

Je n'ai donc plus qu'un tout petit nombre de certitudes. Parmi celles-ci, je peux affirmer que ce tandem n'a *aucun* besoin d'être « révisé ». J'ai également la conviction que d'ici à mercredi, et moi vivant, aucun être humain ne le « révisera ».

– A votre place, je ne me mettrais pas dans des états pareils, dit George. Un jour viendra, et peut-être pas si lointain, où cet engin *aura besoin* d'être « révisé ». A ce moment-là, il y aura deux ou trois montagnes entre nous et le réparateur le plus proche et on vous entendra clamer à tous les vents : « Où ai-je mis la burette d'huile ? Où est le tournevis ? » Et en essayant de maintenir l'engin debout contre un arbre vous nous demanderez de nettoyer la chaîne ou de gonfler le pneu arrière.

Je trouvai qu'il y avait un peu de vérité dans les reproches de George ; presque une sorte de sagesse prophétique et je lui répondis :

– Pardonnez-moi si j'ai l'air un peu buté, mais c'est que Harris est venu ce matin.

– N'en dites pas plus ; je comprends tout, s'exclama George. D'ailleurs, si je suis là, c'est pour vous parler d'autre chose. Regardez.

Il me présenta un petit livre relié en toile rouge. C'était un guide de conversation anglaise à l'usage des voyageurs allemands. Ça commençait par : *A bord d'un vapeur* et ça se terminait par : *Chez le docteur*. Le chapitre le plus long était consacré à la conversation dans un wagon de chemin de fer apparemment occupé par une bande de fous querelleurs et mal élevés : *« Ne pouvez-vous vous écarter un peu plus de moi, Mon-*

sieur ? », « C'est impossible, Madame, mon voisin est trop gros », « Ne pouvons-nous pas rentrer un peu nos jambes ? », « S'il vous plaît, ayez la bonté de maintenir vos coudes au corps », « Ne vous gênez pas, Madame, si mon épaule peut vous être agréable » (et rien ne pouvait faire penser que la phrase était ironique), *« Je dois vraiment vous demander de bien vouloir vous éloigner de moi, Madame, je ne peux plus respirer »*. Je suppose que dans l'esprit de l'auteur, tous les voyageurs se trouvaient pêle-mêle sur le plancher du compartiment. Le chapitre se terminait sur cette phrase : *« Nous voilà arrivés à destination, Dieu merci ! » (« Gott sei Dank ! »)*, pieuse exclamation qui, vu les circonstances, avait dû prendre l'ampleur d'un chœur.

A la fin du volume, un appendice donnait au voyageur allemand des conseils pour préserver sa santé et garantir son confort pendant son séjour en Angleterre. Les plus importants de ces conseils recommandaient d'avoir toujours avec soi une provision de poudre insecticide, de fermer la porte de sa chambre à clef, la nuit, et de toujours bien recompter sa monnaie.

– Ce n'est pas génial comme bouquin, fis-je remarquer à George en lui rendant le livre. Personnellement je ne le recommanderais jamais à un Allemand désireux de visiter l'Angleterre. Je crois que ça le rendrait odieux. J'ai d'ailleurs lu des livres, publiés à Londres, à l'usage des Anglais qui veulent se rendre à l'étranger, et qui sont tout aussi stupides. Un imbécile instruit comprenant, mal, sept ou huit langues s'était mis dans la tête de rédiger ce genre d'ouvrage pour la plus grande *désinformation* et l'égarement le plus parfait de toute l'Europe moderne.

– Vous reconnaîtrez, répondit George, que ce genre de livre est très demandé. Ils se vendent par milliers. Dans toutes les villes d'Europe il doit y avoir des tas de gens qui se promènent en parlant ainsi.

– Peut-être bien, dis-je, mais, par bonheur, personne ne les comprend. Pour ma part, j'ai déjà observé ces gens-là, debout sur un quai de gare ou plantés à un coin de rue, en train de consulter leur bouquin. Personne ne peut deviner quelle langue ils parlent. Personne n'a la moindre idée de ce qu'ils racontent. Et ça vaut peut-être mieux ainsi car, si on les comprenait, je crois bien qu'on les mettrait en charpie.

– Vous avez sûrement raison, dit George, mais j'aimerais quand même savoir ce qu'il arriverait si on les comprenait. Je propose qu'on aille à Londres, tôt mercredi matin, et qu'on passe une heure ou deux à se promener et à faire les magasins à l'aide de ce livre. J'ai besoin d'une ou deux petites choses – un chapeau et une paire de pantoufles. Notre bateau ne part pas de Tilbury avant midi et ça nous laisse juste le temps. J'ai envie d'essayer ce genre de langage là où je peux juger le mieux de son effet. J'aimerais savoir ce que ressent un étranger quand on lui parle de cette manière.

Je me réjouis fort de cette idée amusante et, dans l'enthousiasme, je proposai même à George de l'accompagner et de l'attendre devant les boutiques.

J'ajoutai que Harris aimerait sûrement être des nôtres à condition de rester un peu à l'écart.

George expliqua que ce n'était pas tout à fait son idée. Il voulait que Harris et moi nous l'accompagnions à l'intérieur des boutiques. Avec Harris – qui a un air imposant – pour le soutenir à l'intérieur et avec moi sur le pas de la porte, prêt à appeler un agent en cas de besoin, il voulait bien tenter l'aventure.

Nous nous rendîmes chez Harris pour lui faire part de notre projet. Il examina le livre, et plus spécialement le chapitre relatif à l'achat des chapeaux et des chaussures et il déclara :

– Si George s'adresse à un marchand de chaussures ou à un chapelier dans les termes de ce bouquin, ce n'est pas seulement de soutien qu'il aura besoin mais de quelqu'un pour le porter à l'hôpital.

George sembla vexé.

– Vous parlez, dit-il, comme si j'étais un aventurier sans le moindre bon sens. Je choisirai les phrases les moins agressives et les plus courtoises ; en laissant tomber les insultes les plus grossières.

Après cette mise au point, Harris donna son consentement et l'on décida de partir le mercredi de très bonne heure.

CHAPITRE IV

Pourquoi Harris considère les réveils inutiles en famille. Instincts sociaux des tout-petits. Les pensées d'un enfant sur le matin. Le veilleur insomniaque. Son mystère. Ses angoisses. Pensées nocturnes. Le genre de travail qu'on fait avant le petit déjeuner. La bonne brebis et la méchante. Des désavantages qu'il y a à être vertueux. Le nouveau fourneau de Harris commence mal son service. Les départs quotidiens de mon oncle Podger. Le vieux citadin considéré comme cheval de course. Nous arrivons à Londres. Nous parlons la langue du touriste.

George vint dormir chez les Harris le mardi soir. Nous avions trouvé cette solution meilleure que de le prendre en passant chez lui le mercredi matin. Prendre George en passant le matin signifie le prendre *dans* son lit, le secouer pour le réveiller, ce qui, au petit matin, est littéralement épuisant, puis l'aider à retrouver ses affaires, boucler ses valises et l'attendre pendant qu'il prend son petit déjeuner, ce qui est relativement assommant pour le spectateur et plein de répétitions fastidieuses.

Tandis qu'en couchant à Beggarbush, je savais qu'il serait debout à l'heure. J'y ai déjà dormi et je sais comment ça se passe. Au milieu de la nuit, ou du moins à ce que vous croyez car, en réalité, il se peut que ce soit bien plus tard, vous êtes violemment tiré de votre premier sommeil par une charge de cavalerie tout au long du couloir de votre chambre. Dans les brumes de votre cerveau à demi éveillé, vous hésitez : des cambrioleurs ? les trompettes du jugement dernier ? une explosion de gaz ? Vous vous mettez sur votre séant et vous écoutez attentivement. Vous n'avez pas à attendre très longtemps ; presque aussitôt on claque violemment une porte et quelqu'un, ou quelque chose, descend l'escalier sur ce qui vous semble un plateau à thé. Vous entendez un : « Je l'avais bien dit ! », et, juste après, une chose dure – une tête, sans doute, d'après le bruit – rebondit contre votre porte.

Aussitôt, vous vous lancez dans une course folle, à travers votre chambre, à la recherche de vos affaires. Il n'y a plus rien là où vous les aviez mises la veille au soir. Les plus indispensables effets ont totalement disparu. Cependant que l'assassinat, la révolution, ou n'importe quoi d'autre, continuent impunément. Vous vous arrêtez un instant, la tête sous la penderie où il vous semble avoir entr'aperçu vos pantoufles pour écouter des coups sinistres et réguliers frappés sur une porte, un peu plus loin. Vous supposez que la victime s'est réfugiée là et qu'on tente de la faire sortir pour l'achever. Arriverez-vous à temps ? Les coups s'arrêtent soudain et une voix suave et rassurante, dans une plainte doucereuse, demande humblement :

– P'pa, je peux me lever ?

Vous n'entendez pas l'autre voix mais le dialogue se poursuit :

– Non, c'était seulement la baignoire... Non elle ne s'est pas vraiment cognée... Elle est juste un peu mouillée, tu comprends ?... Oui maman, je vais le leur dire... Non on ne l'a pas fait exprès... Oui, bonne nuit, p'pa.

Puis la même voix, s'élevant comme pour être entendue à bonne distance de la maison, ordonne :

– Remontez tous ! P'pa dit que ce n'est pas encore l'heure de se lever.

Vous retournez vous coucher et vous entendez le vacarme de quelqu'un à qui on fait monter l'escalier visiblement contre son gré. Par une disposition pleine de délicatesse, les chambres d'amis de Beggarbush sont exactement au-dessous des chambres d'enfants. Vous pouvez alors imaginer que c'est toujours le même petit être qui est en train d'opposer une résistance farouche à ceux qui essayent de le remettre dans son lit. Vous pouvez suivre avec exactitude les épisodes de la bagarre car, chaque fois que le corps retombe sur le matelas élastique, juste au-dessus de votre tête, il fait un bond. Et, chaque fois que le corps arrive à s'échapper de la poigne qui essaye de le maîtriser, vous en êtes tout de suite averti par un coup violent sur le plancher. Au bout d'un moment, le combat se calme, à moins que ce ne soit le lit qui abandonne, et vous vous rendormez doucement. Mais l'instant d'après – ou ce qui vous semble être l'instant d'après – vous ouvrez de nouveau les yeux, conscient d'une présence à vos côtés. Votre porte est entrouverte et vous distinguez quatre têtes solennelles et superposées qui vous fixent comme si vous étiez une curiosité conservée dans cette chambre. Vous voyant éveillé, la tête supérieure se détache lentement des trois autres et vient s'asseoir sur votre lit dans une attitude très amicale.

– Oh ! dit-elle, on savait pas que vous étiez réveillé ; moi je suis réveillé depuis un bon moment.

– J'avais cru le deviner, répondez-vous simplement.

– P'pa n'aime pas qu'on se lève trop tôt ; il dit que si on se lève trop tôt on risque de réveiller tout le monde dans la maison. Alors, bien sûr, il ne faut pas qu'on se lève trop tôt.

Tout ça dit sur un ton de résignation sereine, avec une pointe de fierté vertueuse due au sentiment du devoir accompli, et du sacrifice.

– Vous n'appelez pas ça être levé ? demandez-vous.

– Oh, non ! On n'est pas vraiment levés ; vous voyez bien qu'on n'est pas habillés.

C'est l'évidence même. Et la voix continue :

– P'pa est toujours très fatigué, le matin. C'est parce qu'il travaille dur tous les jours. Vous, vous êtes fatigué des fois, le matin ?

C'est à ce moment que vous remarquez que les trois autres têtes sont également entrées dans la chambre et qu'elles se tiennent en rond, assises sur le plancher. Leur attitude montre clairement qu'elles ont considéré jusqu'ici les événements comme une sorte de petit entraînement et que la représentation proprement dite n'est pas encore commencée. On attend que vous vous leviez et que vous fassiez enfin quelque chose. L'aîné semble soudain choqué de voir ses frères dans la chambre d'amis ; de manière très autoritaire il leur intime l'ordre de sortir. Ils ne lui répondent pas, ne discutent même pas mais, dans un silence de mort et avec un ensemble parfait, ils lui tombent dessus. Tout ce que vous pouvez voir, de votre lit, c'est un enchevêtrement de bras et de jambes qui se tordent dans tous les sens et vous font fortement penser à une pieuvre venimeuse cherchant à gagner les bas-fonds. On n'entend pas un seul mot. C'est sans doute la règle du jeu. Si vous êtes en pyjama, vous sautez de votre lit et ça ne fait qu'aggraver la situation. Si vous êtes moins présentable, vous restez couché en hurlant des ordres qui resteront bien sûr sans effet. Le mieux est de laisser faire l'aîné. Au bout de quelque temps, il arrive à mettre ses frères dehors et à fermer la porte sur eux. Elle se rouvre immédiatement et l'un d'eux est projeté dans votre chambre. En général c'est Muriel. Elle est littéralement catapultée. Il faut dire qu'elle est handicapée par ses cheveux longs qui offrent une poignée très pratique. Consciente de ce désavantage, elle les tient souvent elle-même rassemblés dans une main pendant qu'elle frappe de l'autre.

L'aîné fonce vers la porte et, très judicieusement, il se sert de sa sœur comme d'un bélier contre la masse des autres enfants restés dans le couloir. On entend très distinctement le bruit de la tête qui frappe dans le tas en dispersant tout le monde. Après la victoire définitive, l'aîné revient s'asseoir sur le lit. Il ne fait montre d'aucun trouble ; il semble avoir tout oublié du pugilat.

– J'aime les matins, dit-il ; pas vous ?

– Certains, oui. D'autres sont un peu mouvementés à mon gré.

Il ne prend pas garde à la nuance ; son regard a l'air de se perdre dans le lointain.

– J'aimerais mourir un matin, dit-il ; tout y est tellement beau !

– Eh, qui sait ? Ça pourrait bien vous arriver si votre père invite un jour quelqu'un de facilement irritable et qu'il oublie de le mettre au courant des surprises de la maison.

Il abandonne son humeur vagabonde et redevenant lui-même :

– Il fait beau au jardin, vous n'avez pas envie de faire une partie de cricket ?

Vous étiez très loin d'avoir cette idée en vous couchant la veille au soir mais, tout bien considéré, assuré de ne plus pouvoir vous rendormir, ça vous semble une bonne idée et vous dites : d'accord.

Plus tard, dans la journée, vous pourrez entendre l'explication suivante : incapable de dormir et réveillé très tôt le matin, vous avez manifesté l'envie de faire une partie de cricket. Les enfants, dressés à la politesse envers les invités, ont cru bon de vous être agréables. Au petit déjeuner, Mme Harris vous fera remarquer qu'avant de les emmener dehors vous auriez dû exiger que les enfants s'habillent. Et Harris vous déclarera d'une manière pathétique comment, par votre exemple, vous avez détruit en un seul matin ce qu'il a mis des mois à construire.

Il paraîtrait que ce mercredi matin George avait demandé à être réveillé à cinq heures et quart pour apprendre aux enfants à tourner autour des massifs de concombres sur le nouveau vélo de Harris. Toutefois, Mme Harris n'en voulut pas vraiment à George, son intuition l'ayant persuadée que l'idée n'était peut-être pas entièrement de lui.

Ne pensez pas que les enfants Harris aient le mauvais goût de faire retomber sur les épaules d'un camarade les blâmes qu'ils méritent. Ils sont l'honnêteté même. Ils endossent totalement la responsabilité de leurs propres bêtises. Simplement, voilà comment ils imaginent les choses. Quand vous leur expliquez que vous n'aviez pas du tout envie, à cinq heures du matin, de faire une partie de criket sur la pelouse ou de mimer les débuts de la Chrétienté en tirant à l'arbalète sur des poupées attachées à un arbre, que – et c'est tout à fait certain –, si l'on vous avait laissé le choix, vous auriez dormi du sommeil du juste jusqu'à ce qu'on vous réveille, en bon chrétien, vers les huit heures, avec une tasse de thé, si, donc, vous leur dites tout ça, ils vous regardent d'abord d'un air étonné, puis ils s'excusent et semblent sincèrement contrits. Dans notre cas, écartant la question purement académique de savoir si le réveil de George, à cinq heures, était dû à son instinct naturel ou au passage accidentel d'un boomerang fait maison à travers sa fenêtre, les chers petits acceptèrent franchement la responsabilité de ce réveil matinal. Comme le dit l'aîné :

– Nous aurions dû penser qu'oncle George avait une longue journée devant lui et l'empêcher de se lever de si bonne heure. C'est de ma faute.

Mais un changement occasionnel dans ses habitudes ne fait de mal à personne. En outre, comme nous le pensions Harris et moi, c'était pour George un bon entraînement. Dans la Forêt-Noire nous serions obligés de nous lever tous les matins à cinq heures ; nous en avions décidé ainsi. George avait même proposé quatre heures et demie mais Harris et moi avions estimé que cinq heures, c'était assez tôt. Nous pourrions être ainsi sur nos engins à six heures et faire le plus gros de l'étape avant les grandes chaleurs. S'il nous arrivait, une fois ou deux, de partir plus tôt, tant mieux, mais ce ne serait pas la règle.

Moi aussi, ce matin-là, j'étais debout à cinq heures. Et c'était plus tôt que je n'aurais voulu. En m'endormant je m'étais dit : debout à six heures tapantes.

Je connais des gens qui peuvent se lever tout seuls à la minute qu'ils se sont fixée. Littéralement, ils se disent à eux-mêmes : « Quatre heures et demie », « cinq heures moins le quart » ou « cinq heures et quart » selon le cas, en posant la tête sur l'oreiller ; et, à l'heure dite, ils ouvrent les yeux. Ça tient du miracle. Plus on y réfléchit et plus le mystère s'épaissit. Un autre *ego*, différent de nous-mêmes, doit agir indépendamment de notre moi conscient. Sans l'aide d'une horloge, ni du soleil, ni d'aucun autre moyen connu de nos cinq sens, il compte les heures dans l'obscurité. Au bon moment, il nous chuchote : « C'est l'heure ! », et nous nous éveillons. J'ai causé, un jour, avec un vieux bonhomme qui habitait au bord de la mer et qui devait se lever tous les matins une demi-heure avant la marée. Il me raconta que jamais il ne s'était levé une minute trop tard ; et pourtant, il ne se donnait même pas la peine de calculer l'heure du jusant. Il avait beau se coucher fatigué et dormir d'un sommeil sans rêve, chaque matin, à une heure différente, son veilleur occulte, ponctuel comme la marée, venait l'éveiller doucement. Est-ce que l'esprit de cet homme hantait l'obscurité près du rivage ? Connaissait-il les lois de la nature ? Quoi qu'il en soit, l'homme lui-même n'en était pas conscient.

Pour ce qui me concerne, mon veilleur interne est sans doute hors d'usage. Il fait de son mieux mais il a trop de scrupules et se perd dans ses comptes. Par exemple, si je lui dis : « Cinq heures et demie, s'il vous plaît », il me réveille brutalement à deux heures du matin. Je regarde alors ma montre ; il me chuchote que j'ai dû oublier de la remonter. Je l'approche de mon oreille, elle marche. Il me suggère qu'elle a dû prendre un choc ; il est absolument certain qu'il est cinq heures et demie et même un peu plus tard. Pour le convaincre, je mets mes pantoufles et je descends consulter la pendule de la salle à manger. Que peut-il arriver à un homme qui se promène dans sa maison, au milieu de la nuit, en robe de chambre et en pantoufles ? Faut-il le dire ? Tout le monde le sait par expérience : les objets, particulièrement ceux aux arêtes saillantes, prennent un malin plaisir à le heurter. Quand vous portez de grosses bottes, les choses s'écartent toujours de votre chemin ; mais quand vous vous aventurez à travers les meubles, en petites pantoufles de laine et sans chaussettes, tous les objets accourent vers vous pour vous flanquer des coups. Je reviens donc me coucher de mauvaise humeur et, refusant d'écouter les absurdes suppositions de mon veilleur interne qui m'assure que toutes les pendules de la maison se sont liguées contre moi, je mets environ une demi-heure à me rendormir. Ensuite, de quatre à cinq heures, il me réveille toutes les dix minutes, pour, à cinq heures, s'endormir à son tour, complètement fourbu, me laissant aux soins de la femme de chambre qui me réveillera une demi-heure trop tard.

Ce mercredi-là, il m'exaspéra tellement que je me levai à cinq heures uniquement pour me débarrasser de lui. Je ne savais que faire. Notre train ne partait qu'à huit heures, tous nos bagages, ainsi que nos vélos, avaient été envoyés la veille à la gare de Fenchurch Street. J'allai dans mon bureau avec l'idée d'écrire pendant une heure. L'aube, avant le petit déjeuner, n'est pas, je l'avoue, spécialement propice à l'effort littéraire. J'écrivis trois paragraphes, puis je me les relus. Il m'est arrivé de lire des choses peu aimables sur mes ouvrages, mais jamais rien d'assez sévère pour flétrir ces trois malheureux paragraphes. Je les jetai dans la corbeille à papier en essayant de me rappeler s'il existait des établissements charitables pour écrivains gâteux.

Pour me distraire de ces tristes pensées, je pris une balle de golf dans ma poche, choisis un club et sortis me promener dans le pré. Deux brebis y étaient en train de brouter ; elles me suivirent et semblèrent prendre un vif intérêt à mes exercices. L'une d'elles semblait très gentille ; je n'étais pas sûr qu'elle comprenne bien le jeu. Je crois plutôt que c'était l'heure matinale à laquelle je me livrais à ce divertissement innocent qui lui semblait étrange. A chacun de mes coups elle bêlait :

– Bieeeen, trèèèès bieeeen !

Elle avait l'air aussi ravie que si elle l'avait joué elle-même :

Quant à l'autre, c'était une sale bête acariâtre et méchante qui me décourageait autant que sa compagne m'encourageait :

– Pièèèètre, trèèèès pièèèètre !

C'était son commentaire à chaque fois. Il faut pourtant reconnaître qu'il y eut de très beaux coups mais, à chaque fois, elle faisait exprès d'être d'un avis contraire pour me faire enrager. Je le voyais très bien.

Soudain, par un hasard malheureux, une de mes balles les plus fortes vint frapper la « gentille » brebis sur le nez. Ça fit rire la « méchante » ; mais d'un rire que j'entendis distinctement, très nettement ; un rire rauque, vulgaire et, tandis que sa compagne restait clouée sur place, trop surprise pour pouvoir bouger, elle changea de ton pour la première fois et se mit à bêler :

– Bieeeen, trèèèès bieeeen, c'est le plus chouette jet qu'il ait fait...

J'aurais donné une demi-couronne pour que ce soit elle qui ait reçu le coup. Ce sont toujours les bons qui pâtissent ici-bas.

J'étais resté plus longtemps que prévu dans ce pré et, quand Ethelbertha vint m'annoncer que le petit déjeuner était servi et qu'il était sept heures et demie, je m'aperçus que je n'étais pas encore rasé. Ethelbertha déteste que je me rase à la va-vite. Elle a peur que les gens pensent à une déplorable tentative de suicide et que les voisins en déduisent que nous faisons mauvais ménage. Elle en profita pour insinuer que mon physique ne permettait pas qu'on le traite à la légère.

Tout compte fait, ça me plaisait que les adieux avec Ethelbertha ne soient pas trop longs. Je ne voulais pas prendre le risque de la voir fondre en larmes. En revanche, j'aurais bien aimé dire quelques mots d'adieu à mes enfants et leur donner quelques conseils relatifs à ma canne à pêche qu'ils ont la manie d'utiliser comme club de croquet.

Je déteste avoir à courir pour prendre un train. A six cents mètres de la gare, je rencontrai George et Harris qui couraient aussi. Pendant que nous courions ainsi, côte à côte, Harris m'expliqua, en soufflant, que c'était le nouveau fourneau de cuisine qui était cause de son retard. Allumé pour la première fois ce matin, sans qu'on puisse savoir exactement pourquoi, il avait projeté les rognons en l'air et gravement brûlé la cuisinière. Il ajouta que d'ici notre retour il espérait qu'on aurait appris à s'en servir.

Il s'en fallut d'un cheveu que nous rations notre train. Tandis que nous reprenions notre souffle, assis dans le compartiment, passant en revue les événements de la matinée, l'image de mon oncle Podger surgit dans ma mémoire. Je le vis au cours d'un des deux cent cinquante départs qu'il fit chaque année d'Ealing, par le train de neuf heures treize, à la gare de Morgate Street.

De la maison d'oncle Podger à la gare, il y avait huit minutes à pied. Il disait toujours :

– Comptez un bon quart d'heure et partez tranquille.

Mais tous les jours, il ne partait que cinq minutes avant l'heure du train et courait pendant tout le trajet. Je ne sais pas pourquoi mais c'était la coutume de cette banlieue. Beaucoup d'hommes un peu corpulents, qui travaillaient dans la Cité, habitaient à ce moment-là Ealing. (Je suppose que c'est toujours la même chose.) Ils prenaient tous le train tôt le matin et partaient tous trop tard de chez eux ; ils avaient une serviette noire et un journal dans une main, un parapluie dans l'autre ; qu'il fasse beau ou qu'il pleuve, immanquablement, on les voyait courir dans les cent derniers mètres avant la gare.

Les gens qui n'avaient pas grand-chose à faire, comme les bonnes d'enfants et les garçons livreurs auxquels s'ajoutaient, certains jours, les marchandes des quatre saisons, se rassemblaient, les matinées de beau temps, pour les regarder passer et applaudir les meilleurs. Ce n'était évidemment pas un spectacle éclatant ; ils ne couraient pas très bien ; ils ne couraient même pas vite ; mais ils avaient l'air tellement sérieux, ils se démenaient avec tant d'entrain que, s'ils étaient loin d'éveiller le moindre sens esthétique, ils provoquaient l'admiration qu'on éprouve naturellement pour l'effort accompli avec conscience. Parfois même, des paris innocents s'organisaient dans la foule.

– Deux contre un sur le vieux à gilet blanc !

– Dix contre un que M. L'Essoufflé se rétame la figure avant d'arriver !

– Tout mon fric sur l'Empereur écarlate – surnom trouvé par un gamin déluré à un voisin de mon oncle, militaire en retraite, d'allure placide au repos mais qui, au moindre effort, devenait cramoisi.

Mon oncle et les autres écrivaient de temps en temps à *L'Ealing Press* pour se plaindre avec énergie de l'incurie de la police locale. Et l'éditorialiste du journal répondait toujours par un papier où il stigmatisait le déclin de la courtoisie dans les basses classes de la société et tout spécialement dans la banlieue ouest. Mais rien n'y faisait.

Ce n'était pas que mon oncle ne se levât pas assez tôt. C'était qu'un ennui lui arrivait toujours au dernier moment. D'abord, après le petit déjeuner, il perdait son journal. On devinait immédiatement qu'oncle Podger avait perdu quelque chose à l'air de réprobation indignée qu'il prenait envers tout le monde. Il ne se disait jamais :

– Je suis un vieux bonhomme négligent ; je perds tout ; je ne me rappelle jamais où j'ai mis mes affaires ; je suis tout à fait incapable de rien retrouver tout seul ; je suis un fléau pour tout le monde ; il faut que j'essaie de me corriger.

En revanche, et par un raisonnement singulier, il était convaincu que, chaque fois qu'il avait perdu quelque chose, c'était la faute de tout le monde à la maison sauf la sienne.

– Je l'avais à la main il n'y a pas une minute, s'écriait-il.

A l'entendre, vous l'auriez cru entouré de prestidigitateurs qui faisaient disparaître ses affaires dans le seul but de l'agacer.

– Tu ne l'aurais pas laissé dans le jardin ? hasardait ma tante.

– Et pourquoi je l'aurais laissé au jardin ? Ce n'est pas au jardin que j'ai besoin de journal ! J'ai besoin du journal pour le train !

– Tu ne l'as pas mis dans ta poche ?

– Mais grand Dieu ! si je l'avais dans ma poche, tu crois que je serais là en train de le chercher, à neuf heures moins cinq ? Tu me prends pour un idiot ou quoi ?

C'est à cet instant que quelqu'un lui tendait un journal parfaitement bien plié en lui disant : « Et ça, qu'est-ce que c'est ? »

– J'aimerais bien qu'on laisse mes affaires tranquilles, grommelait-il en arrachant sauvagement le journal des mains qui le lui tendaient.

Alors il ouvrait son sac pour y jeter le journal mais, après un regard sur la première page, il s'arrêtait net, muet d'indignation.

– Qu'est-ce qu'il y a encore ? demandait ma tante.

– C'est le journal d'avant-hier, disait-il trop outré pour crier, en le jetant sur la table.

Si seulement ce sacré journal avait pu être une seule fois celui de la veille ; mais ncn ; invariablement c'était celui de l'avant-veille ; sauf le mardi, bien sûr, car là c'était celui du samedi précédent.

Il nous arrivait parfois de le retrouver pour lui. La plupart du temps, il était assis dessus ; il souriait alors d'un sourire un peu niais, avec la résignation de celui qui constate que le sort l'oblige à vivre au milieu d'une bande d'incurables idiots.

– Comme toujours, il était juste sous votre nez !...

Et, fier d'avoir montré tant de sang-froid, il ne finissait jamais sa phrase. L'affaire réglée, il se dirigeait vers l'entrée où ma tante avait pris soin de rassembler les enfants pour lui dire au revoir.

Elle-même ne quittait jamais la maison, ne serait-ce que pour une visite aux voisins, sans dire tendrement au revoir à toute la maisonnée. Comme elle le répétait souvent : on ne sait jamais ce qu'il peut arriver.

Bien sûr, il y avait toujours un gamin qui manquait et, au moment où l'on s'en rendait compte, les six autres s'égaillaient dans la maison en vociférant pour le chercher. Dès qu'ils s'étaient envolés, le manquant arrivait tranquillement en expliquant qu'il était tout près et en fournissant toujours une bonne excuse. Il repartait alors immédiatement avertir les autres qu'il était retrouvé et, de cette manière, ça durait bien au moins cinq minutes – le temps que tout le monde parte à la recherche de tout le monde, ce qui suffisait à mon oncle pour retrouver son parapluie et perdre son chapeau. Enfin, quand tous étaient rassemblés dans l'entrée, la pendule du salon sonnait neuf heures. Elle avait un timbre froid et pénétrant qui bouleversait mon oncle. Dans son agitation, il embrassait certains enfants deux fois, en oubliait d'autres, puis, ne sachant qui il avait embrassé et qui il avait oublié, il reprenait tout depuis le début, disant qu'il était sûr qu'on faisait exprès de l'embrouiller et je n'affirmerais pas que ce soit entièrement faux. Pour couronner le tout, il y avait toujours un gamin à la figure barbouillée de confiture et c'était lui qui se montrait le plus affectueux.

Quand, par hasard, tout se passait trop bien, l'aîné se lançait dans une histoire de pendules qui toutes avaient cinq minutes de retard et même que c'était pour ça qu'il était arrivé en retard à l'école le jour d'avant, ce qui précipitait mon oncle vers la porte où il constatait qu'il n'avait plus ni serviette ni parapluie. Tous les enfants que ma tante n'arrivait pas à retenir couraient alors après lui, deux se battaient pour lui porter le parapluie tandis que les autres se disputaient la serviette. C'était quand tout le monde rentrait, bien sûr, qu'on découvrait, sur la table de l'entrée, la chose dont l'oncle avait le plus pressant besoin et qu'il avait oubliée là ; et chacun de se demander ce qu'il allait bien pouvoir dire en rentrant.

Nous arrivâmes à Waterloo Station un peu après neuf heures et nous décidâmes immédiatement de tenter les expériences que George avaient décidées. Nous ouvrîmes le livre au chapitre : *A la station de fiacres ;* puis, nous approchant précisément d'une station, nous soulevâmes nos chapeaux en souhaitant le bonjour à un cocher. L'homme, ne voulant pas être en reste de politesse envers des étrangers – vrais ou simulés – demanda à un de ses collègues nommé Charles de tenir sa jument, sauta de son siège et nous gratifia d'une révérence qui aurait fait honneur à un duc et pair. S'exprimant visiblement au nom de la nation, il nous souhaita la bienvenue en Angleterre, déplorant que Sa Majesté fût actuellement absente de Londres.

Nous fûmes au regret de ne pouvoir lui répondre sur le même registre, notre livre n'ayant pas prévu ce genre de conversation. Nous l'appelâmes « cocher », sur quoi il s'inclina de nouveau à toucher le pavé, et nous lui demandâmes s'il aurait l'extrême obligeance de nous conduire à Westminster Bridge. Il mit la main sur son cœur en nous répondant que tout le plaisir était pour lui.

Reprenant à la troisième phrase du chapitre, George lui demanda combien ça allait nous coûter. La question, en introduisant un élément sordide dans cette conversation, sembla heurter sa sensibilité. Il répondit qu'il n'avait jamais accepté d'argent d'étrangers aussi distingués ; il nous suggéra de penser plutôt à un petit souvenir, comme une épingle de cravate en diamants, une tabatière en or ou une petite babiole dans ce genre qui lui permettrait, plus tard, de penser à nous.

Comme un petit attroupement s'était formé et que la plaisanterie tournait un peu trop vite à l'avantage du cocher, nous grimpâmes dans le fiacre sans plus de discours et nous fûmes emportés sous les acclamations. Nous nous fîmes arrêter devant un magasin de chaussures, un peu après Astley Theatre. La boutique semblait correspondre tout à fait à ce que nous cherchions. Elle regorgeait de marchandises ; on aurait dit qu'en ouvrant ses volets, le matin, le marchand avait laissé se répandre ses articles partout. On voyait des boîtes et des chaussures sur le trottoir et jusque dans le caniveau. Des bottes étaient accrochées en guirlandes autour de la porte et des fenêtres. Le store portait, comme une vigne grimpante, des grappes de bottes noires et marron. Au moment où nous entrâmes, le marchand était en train d'ouvrir une caisse avec un ciseau et un marteau.

George souleva son chapeau en disant : « Bonjour ».

L'homme ne se retourna même pas. De prime abord il m'avait semblé antipathique. Il grommela quelque mot qui pouvait être bonjour ou autre chose et se remit à son travail. Alors George :

– C'est mon ami, monsieur X, qui m'a recommandé votre boutique.

Normalement, l'homme aurait dû répondre quelque chose comme : « Monsieur X est un vrai gentleman, je serai très heureux d'obliger quelqu'un de ses amis. » Au lieu de quoi, il lança :

– Connais pas ! Jamais entendu parler !

C'était déconcertant. Le livre donnait deux ou

trois méthodes différentes pour l'achat de chaussures. George avait choisi la version avec monsieur X parce qu'elle lui semblait la plus courtoise. Vous parlez un moment de monsieur X avec le marchand et, quand un climat d'amitié et de compréhension s'est établi, vous glissez tout naturellement et avec élégance vers l'objet véritable de votre visite : vous désirez acheter des bottes, « solides et bon marché ».

Ce grossier personnage n'avait pas l'air de se soucier beaucoup des finesses de la vente au détail. Il valait mieux, avec ce genre d'individu, parler directement affaires, et brutalement. George laissa tomber monsieur X et, reprenant le livre à la page précédente, il choisit un autre exemple au hasard. Ce ne fut pas, loin de là, le meilleur choix. C'était une phrase qui, en présence de n'importe quel marchand de chaussures, aurait été tout à fait superflue, mais, en l'occurrence, menacés d'étouffement par les bottes qui nous pressaient de toute part, nous lui trouvâmes l'ampleur d'une parfaite imbécillité.

La voici :

– Quelqu'un m'a dit que vous aviez des bottes à vendre ?

L'homme posa enfin son marteau et son ciseau, se retourna vers nous et répondit lentement, d'une voix vulgaire et rauque :

– Et pourquoi c'est-y que j'aurais toutes ces bottes-là ? Pour les renifler ? (C'était un de ces individus qui commencent tranquillement et s'emballent rapidement au cours de la dispute. La colère monte en eux comme un levain.) Qu'est-ce que vous croyez que je suis, moi, continua-t-il, un collectionneur de bottes ? Pourquoi croyez-vous que j'aie cette boutique, hein, pour le plaisir ? Vous vous imaginez peut-être que j'aime tellement mes bottes que je peux pas me séparer d'une seule paire ? P't-être bien que j'les suspends dans ce bazar pour les reluquer ? Y'en a p't-être pas assez ? Où que vous vous croyez ? Dans une exposition universelle de bottes ? C'est p't-être une collection historique ? Vous avez déjà entendu parler d'un type qui aurait un magasin de bottes et qui n'en vendrait pas ? Vous croyez que je décore ma boutique avec pour faire joli ? Pour qui vous me prenez ? Pour le roi des fêlés ?

J'ai toujours affirmé que ces manuels de conversation ne sont pas d'une grande utilité. Ce que nous aurions aimé, c'était l'équivalent anglais de la célèbre expression allemande : *Behalten Sie Ihren Hut auf !* (Restez-couvert !), mais il n'y avait rien de ce genre du début à la fin de notre bouquin. Toutefois, je dois reconnaître que George trouva la meilleure phrase qu'on y pouvait lire. Il déclara :

– Je reviendrai quand vous aurez davantage de bottes à me montrer En attendant, *adieu* [1] !

Nous regagnâmes alors le fiacre et repartîmes en laissant le marchand planté dans l'embrasure de sa porte et nous apostrophant de quelques réflexions que je n'entendis pas mais que les passants avaient l'air de trouver fort intéressantes.

George voulait qu'on s'arrête chez un autre marchand de chaussures et qu'on recommence l'expé-

1. En français dans le texte *(N.d.T.)*.

rience. Il avait, disait-il, vraiment besoin de pantoufles mais nous le persuadâmes de remettre son achat jusqu'à notre arrivée dans une ville étrangère, là où les commerçants sont certainement plus familiers de ce genre de conversation, ou encore, plus naturellement aimables. Pour ce qui concerne l'achat de son chapeau, en revanche, il fut inflexible. Il prétendit qu'en voyage il ne pouvait s'en passer. Nous nous arrêtâmes donc devant une petite boutique, à Blackfriars Road. Le propriétaire était un homme jovial aux yeux pétillants ce qui était plutôt encourageant.

Quand George, reprenant les termes mêmes du manuel, lui demanda : « Avez-vous des chapeaux ? » Il ne se fâcha nullement ; il s'arrêta et se gratta le menton d'un air songeur.

– Des chapeaux ? dit-il ; voyons, laissez-moi réfléchir. Oui (et un sourire merveilleux vint éclairer son visage amène)... Oui, maintenant que j'y pense, disons que j'ai un couvre-chef. Mais dites-moi, pourquoi me demandez-vous ça ?

George lui expliqua qu'il avait envie d'acheter une casquette, une casquette de voyage ; mais il ajouta : à condition que ce soit une casquette de bonne qualité.

La figure du marchand s'allongea.

– Ah ! fit-il, alors j'ai bien peur que non. Voyez-vous, si vous aviez voulu une mauvaise casquette, une casquette qui ne vaille même pas son prix, une casquette tout juste bonne à faire les vitres, j'aurais pu vous en trouver une. Mais une casquette de bonne qualité, non. Je n'en ai pas. Cependant, attendez un peu, ajouta-t-il en voyant la déconvenue de George se peindre sur son visage. Vous n'êtes pas pressés ? (et il se dirigea vers un tiroir qu'il ouvrit). En voilà une qui n'est pas vraiment de très bonne qualité mais elle n'est pas aussi mauvaise que la plupart de celles que je vends.

Il nous la montrait en la triturant de ses doigts.

– Qu'est-ce que vous en pensez ? dit-il. Ça vous convient ?

George l'essaya devant le miroir et, choisissant une autre phrase du livre, il dit :

– Ce chapeau me convient, mais dites-moi, pensez-vous qu'il me va bien ?

L'homme prit un peu de recul pour avoir une vue d'ensemble et dit :

– Sincèrement, on ne peut pas dire qu'il vous aille bien.

Et, se tournant vers Harris et moi :

– La beauté de votre ami, je la qualifierais d'insaisissable. C'est une beauté, certes, mais que l'on pourrait très bien ne pas remarquer. Maintenant, avec cette casquette, à mon avis, il est certain qu'on ne la remarquera plus du tout.

George sembla soudain en avoir assez de ce marchand un peu spécial. Il coupa sèchement :

– Bon, ça va. On va louper notre train. C'est combien ?

– Le prix de cette casquette, Monsieur, et à mon avis c'est deux fois trop cher, est de quatre shillings et six pences. Monsieur veut-il que je l'emballe dans du papier marron ou dans du papier blanc ?

George répondit qu'il la prenait telle quelle, donna ses quatre shillings six pences au marchand et sortit. Harris et moi lui emboîtâmes le pas.

Arrivés à Fenchurch, nous marchandâmes notre fiacre pour cinq shillings. Il nous honora d'une nouvelle révérence, nous priant de le rappeler au bon souvenir de l'empereur d'Autriche.

Après avoir confronté nos différents points de vue dans notre compartiment, nous reconnûmes que nous avions perdu par deux points à un. Quant à George, visiblement déçu, il jeta son bouquin par la fenêtre.

Nous retrouvâmes vélos et bagages sur le bateau.

A la marée de midi, nous descendions la rivière.

CHAPITRE V

Une digression nécessaire amenée par une histoire très morale. Un des charmes de ce livre. Un journal sans grand succès. Son ambition : instruire en amusant. Le hic : qu'est-ce qui est instructif et qu'est-ce qui est amusant ? Un jeu populaire. Opinion autorisée sur les lois anglaises. Un autre charme de ce livre. Une rengaine rebattue. Un troisième charme de ce livre. Le genre de forêt où habitait la jeune vierge. Description de la Forêt-Noire.

On raconte qu'un Écossais, amoureux d'une jeune fille et voulant l'épouser, prudent comme tous ceux de sa race et ayant remarqué que, dans son entourage, beaucoup de mariages fort prometteurs finissaient en désespoir et en désillusions uniquement parce que les jeunes époux s'imaginaient, mutuellement, qu'ils avaient rencontré chez l'autre la perfection, se jura de tout faire pour ne pas voir s'écrouler ainsi son idéal. C'est pourquoi il fit sa demande en ces termes :

– Je n'étions qu'un pauvre gars, Jennie ; et je n'avions ni richesse ni domaine à t'offrir.

– Oui, mais y'a toi, Davie !

– Ouais, mais j'aimerions bien qu'y ait aut'chose, petite, parce que j'suis qu'un mal-portant, Jennie.

– Que nenni, Davie, y en a bien d'autres qu'ont l'air plus mal fagotés que toi.

– J'en ai jamais vu, gamine, et j'crois bien qu'on risque pas d'en voir.

– Vaut bien mieux un gars tout simple qui vous aime qu'un qui tourne autour des donzelles et ramène la pagaille à la maison.

– T'y fie pas trop, Jennie, c'est pas toujours le plus gros dindon qui trône dans la basse-cour. J'ai toujours été un coureur de jupons. Je suis qu'un mauvais diable, pas un bon parti.

– Mais t'as bon cœur, toi, et j'sais bien que tu m'aimes.

– C'est vrai que j't'aime bien, mais ça durera-t-y ? Quand j'suis dans mon assiette et que personne me cherche, c'est bien vrai, ouais, que j'suis un bon drôle. Mais j'ai les diables dans le sang comme me le dit ma pauv'mère ; y paraît que c'est comme mon père. Crois-moi, ça se bonifiera pas en vieillissant, tout ça.

– Moi, je trouve que t'es un peu dur avec toi, Davie. T'es un gars honnête. J'te connais mieux que tu t'connais. Tu f'ras un bon mari pour moi.

– P't'être bien, Jennie, mais on n'est jamais sûr de ça. C'est pas folichon, quand le mari peut pas s'passer d'boire un coup, pour la femme et les mioches. Vois-tu, quand je sens l'odeur du whisky, mon gosier, y l'a plus d'fond et on peut pas le remplir.

– Tu seras bon mari quand tu boiras plus, Davie.

– P't'être, Jennie, si on m'laisse tranquille.

– Et m'aideras-tu, Davie ? Et est-ce que tu travailleras pour moi ?

– Je vois pas de raisons pour pas t'aider, ma Jennie. Mais m'agace pas trop avec ce mot de « travail », j'peux pas l'entendre.

– Bon, tu feras d'ton mieux, Davie. Et m'sieur l'curé dit que personne peut faire plus.

– Ce s'ra bien un pauv'mieux que j'pourrai faire, ma Jennie ; j'crois bien que ce s'ra même pas grand-chose. On est tous de pauv' pécheurs et de pauv' créatures, mais j'crois que tu pourras jamais trouver plus faible ni plus pécheur que moi.

– Ouais, t'as pas une langue menteuse, Davie. J'en connais tant des gars qui feraient des tas d'promesses à une pauv'drôlesse juste pour lui briser le cœur. Toi tu m'parles franchement, Davie, et j'sais que j'ai envie de te marier et qu'on verra bien ce qui s'passera.

L'histoire ne dit pas ce qui arriva ensuite. Mais la femme n'avait sûrement pas le droit de se plaindre de son époux. Le fit-elle quand même ? Les femmes n'accordent pas toujours leurs discours à la logique, ni les hommes au sujet. En tous cas, Davie, de son côté, avait la satisfaction de penser qu'ainsi il ne méritait aucun reproche.

Je voudrais avoir la même franchise avec les lecteurs de ce livre. Je souhaite mettre consciencieusement en avant ses défauts pour que personne ne le lise sur la foi d'un malentendu.

Ce livre ne donnera donc aucune information utile.

Quiconque se figure que, grâce à cet ouvrage, il sera capable de faire un voyage en Allemagne et dans la Forêt-Noire se perdra sûrement avant même d'embarquer. Et ce serait probablement la meilleure chose qui puisse lui arriver, car plus il s'éloignera de chez lui, plus les difficultés iront croissant.

Je ne pense pas avoir de talents particuliers pour publier des conseils pratiques. Je n'ai pas toujours pensé comme ça. J'ai acquis cette certitude au fur et à mesure de ma propre expérience.

A mes débuts dans le journalisme, je travaillais dans un magazine, sorte de précurseur de beaucoup de périodiques populaires d'aujourd'hui. Nous étions très fiers d'allier instruction et amusement. (Quant à faire la part de ce qui était instructif et de ce qui était amusant, c'était aux lecteurs de décider). Nous donnions des conseils aux gens désireux de se marier ; conseils longs et sérieux qui, s'ils avaient été suivis, auraient fait de nos lecteurs la fine fleur de tous les couples de la terre. Nous expliquions à nos abonnés comment faire fortune en élevant des lapins, avec force exemples et chiffres. Ce qui aurait dû les étonner, d'ailleurs, c'est de ne pas nous voir abandonner le journalisme pour monter un élevage de lapins. J'ai, à plusieurs reprises, démontré – sources autorisées à l'appui – comment un homme qui se lance dans l'élevage des lapins avec douze mères sélectionnées (et un peu de jugeotte) débouchera obligatoirement, au bout de trois ans, sur un revenu annuel de deux mille livres qui augmentera ensuite rapidement quoi qu'il fasse. Peut-être n'a-t-il pas envie de tant d'argent ? Peut-être même, quand il l'aura gagné, ne saura-t-il qu'en faire ? Toujours est-il qu'un revenu de cet ordre est garanti. Personnellement, je n'ai jamais rencontré d'éleveurs de lapins gagnant deux mille livres par ans, bien que j'en aie connu pas mal qui se soient lancés avec les douze lapines sélectionnées. Il y avait toujours quelque chose qui clochait quelque part. Peut-être l'ambiance d'un tel élevage finit-elle par anéantir toute jugeotte ?

Nous tenions aussi nos lecteurs informés du nombre de chauves qu'on peut trouver en Islande et, dans l'état de nos connaissances, nos chiffres étaient relativement exacts.

Combien il faut de harengs saurs bout à bout pour couvrir la distance Londres-Rome ; information extrêmement utile à ceux qui voudraient tracer une ligne de harengs saurs de Londres à Rome car elle leur permettait d'en commander la quantité nécessaire dès le début.

Combien de mots une femme prononce dans une journée... et autres inepties de ce genre supposées rendre nos lecteurs mieux informés et plus calés que ceux des autres journaux.

Nous leur apprenions à soigner les chats atteints de convulsions. Personnellement, je ne crois pas – et je n'y croyais pas à l'époque – qu'on puisse guérir un chat de ses convulsions. Si j'avais un chat sujet à cette maladie, je passerais une annonce pour le vendre ou encore je le donnerais à quelqu'un. Mais nous étions là pour donner des conseils à ceux qui en demandaient. C'était un fou qui nous avait écrit au sujet des chats. Ils nous avait suppliés de lui donner ces renseignements. J'avais passé la plus grande partie de la matinée à rechercher de la documentation sur ce problème et j'avais fini par trouver ce que je cherchais dans les toutes dernières pages d'un vieux livre de cuisine. Je n'ai jamais compris ce que ce chapitre faisait là. Ça n'avait aucun rapport avec le sujet du livre. On n'y donnait aucune recette pour mitonner un plat savoureux avec un chat – même guéri de ses convulsions. L'auteur n'avait ajouté ces lignes que par générosité pure. Je dois confesser que j'aurais préféré qu'il s'en abstînt car ce fut la cause d'une correspondance abondante et furieuse, et nous perdîmes au moins quatre abonnés. L'homme nous écrivit qu'après avoir suivi nos conseils il avait eu pour dix livres de dégats dans son service de table, sans compter tous les carreaux cassés. Quant à lui, personnellement, il avait contracté une sorte d'empoisonnement du sang. Ajoutez que les convulsions du chat n'avaient fait qu'empirer. Pourtant, le remède était très simple : il suffisait de maintenir le chat entre ses jambes – avec douceur, pour qu'il ne se blesse pas – puis, avec une paire de ciseaux, de lui faire à la queue une entaille nette et propre. Il ne s'agissait pas d'en couper un morceau ; on recommandait même de faire très attention à ça. Seulement une incision.

Comme nous l'avions expliqué à notre homme, l'idéal était d'opérer dans un jardin ou une remise à charbon. Seul un imbécile se risquerait à cette intervention dans une cuisine et sans aide.

Nous donnions également des leçons de savoir-vivre. Comment écrire à un pair d'Angleterre, à un évêque ; comment manger son potage. Nous apprenions aux jeunes gens timides à se tenir avec aisance dans un salon. Nous enseignions la danse, à l'un et à l'autre sexe, avec des schémas. Nous résolvions les incertitudes religieuses de nos lecteurs et leur fournissions un code moral qui aurait fait honneur à un saint de vitrail.

Ce journal ne fut pas une réussite commerciale. Il était trop en avance sur son temps.

Notre équipe était très réduite. Pour ma part, je m'occupais des départements : *Conseils aux mères,* que je rédigeais avec l'aide de ma propriétaire (divorcée et ayant perdu quatre enfants, elle me semblait posséder une autorité indéniable en matière de problèmes de famille). *Conseils pour l'ameublement et l'architecture intérieure,* avec des dessins. Une colonne de *Conseils littéraires aux débutants,* et j'espère très sincèrement que mes tuyaux leur ont été plus profitables qu'à moi-même. Enfin, notre article hebdomadaire, *Propos sans détours aux jeunes gens,* signé *Oncle Henry.* C'était un sacré bonhomme que cet Oncle Henry, et qui avait une expérience riche et variée. Il était plein de bienveillance envers la nouvelle génération. Il avait dû affronter pas mal de problèmes pendant son enfance et il avait d'insondables connaissances en toutes choses. Aujourd'hui encore, il m'arrive de lire les *Propos de l'Oncle Henry*. Et même si ce n'est pas à moi de le dire, ils me paraissent encore très bons et très sensés. Souvent, je me dis que, si je les avais suivis à la lettre, j'aurais fait moins de bêtises et je serais aujourd'hui plus sage, plus satisfait de moi.

Une petite femme tranquille et un peu fatiguée, qui habitait vers Tottenham Court Road et dont le mari était interné dans un asile d'aliénés, dirigeait notre *Rubrique Cuisine*, nos *Conseils sur l'Éducation* – le journal était rempli de *Conseils* – et une page et demie de *Chroniques mondaines*, le tout rédigé dans ce style particulièrement impertinent qui est toujours de mise, me dit-on, dans le journalisme moderne : « Il faut absolument que je vous parle de la robe *divine* que je portais à *Glorious Goodwood* la semaine dernière. Le prince C... – mais il ne faut pas que je vous répète *tout* ce que m'a dit ce cher grand fou, il est vraiment *trop* fou – et la *chère* comtesse, j'en ai peur, avait l'air assez jalouse... » etc.

Pauvre petit bout de femme ! Je la vois encore dans sa robe d'alpaga grise tout élimée et tachée d'encre. Sûr qu'une journée à « Glorious Goodwood », ou n'importe où au grand air, aurait redonné un peu de couleurs à ses joues livides.

Notre directeur, qui était l'homme le plus effrontément ignare que j'aie jamais rencontré – je me souviendrai toujours le sérieux avec lequel il affirma un jour à un correspondant que Ben Jonson avait écrit *Rabelais* pour payer les obsèques de sa mère, et son rire de complaisance quand cette énormité avait été étalée au grand jour – notre directeur, donc, en puisant largement dans une encyclopédie bon marché, rédigeait la page des *Informations générales*. Il faut reconnaître qu'il s'en tirait d'ailleurs assez bien. Enfin, il y avait aussi notre garçon de bureau qui, armé d'une paire de ciseaux, tenait la rubrique *Humour*.

On travaillait dur pour un salaire bien maigre, mais la conscience d'instruire et de rendre service à nos lecteurs nous soutenait.

Dans le monde entier, *jouer à l'école* est sûrement le plus populaire de tous les jeux, et le plus éternel. Prenez six enfants, plantez-les sur les marches d'un perron et promenez-vous devant eux avec un livre et une baguette. Nous y avons joué tout petits, nous y avons joué garçons et fillettes, nous y jouons devenus hommes et femmes ; nous y jouerons encore, quand, tremblottants et voûtés, nous nous acheminerons vers la tombe. Nous ne nous en lassons jamais. Ce n'est jamais ennuyeux. Une seule chose nous gâte ce plaisir : l'exigence de l'un, d'abord, puis des six autres à réclamer livre et baguette à tour de rôle.

La raison pour laquelle le journalisme exerce toujours une telle fascination, malgré tous ses désagréments, c'est que, journaliste, on imagine toujours qu'on est celui qui va et vient devant les autres avec le livre et la baguette. Le gouvernement, l'élite, la foule, la société, les célébrités des arts et de la littérature sont, eux, les élèves assis sur le seuil. Le journaliste les instruit. Il les grandit.

Mais je m'égare. Je n'ai cité ces exemples que pour montrer les bonnes raisons que j'ai de toujours – et plus que jamais – détester fournir des informations utiles.

Quelqu'un qui signait « Balloniste » nous avait demandé des renseignements sur la fabrication de l'hydrogène. D'après ce que je recueillis comme documentation au British Museum, ce n'est pas une chose très difficile à obtenir. J'avertis quand même le prétendu « Balloniste » d'avoir à prendre toutes ses précautions pour éviter un éventuel accident. Que pouvais-je faire de plus ?

Dix jours plus tard, nous reçûmes au bureau la visite d'une femme au teint rubicond qui tenait par la main ce qu'elle nous affirma être son fils âgé de douze ans. L'enfant avait une physionomie inexpressive, et même à un degré rarement atteint. Quand sa mère le fit avancer et lui ôta sa casquette, je compris immédiatement les raisons de son air stupide : il n'avait plus de sourcils et, de ses cheveux, ne restait qu'une sorte de résidu broussailleux, une poussière qui donnait à sa tête l'aspect d'un œuf dur saupoudré de poivre noir.

– C'était un enfant charmant, il y a seulement une semaine, avec de beaux cheveux bouclés, dit la femme.

– Qu'est-ce qu'il lui est arrivé ? demanda le directeur.

– Voilà ce qu'il lui est arrivé, répondit la mère en tirant de son manchon le numéro de la semaine précédente avec mon article sur l'hydrogène qu'elle avait entouré de rouge. Elle le flanqua sous les yeux du directeur qui s'en saisit et se mit à le parcourir.

– C'était lui « Balloniste » ? demanda-t-il.

– Oui, c'était lui « Balloniste », dit-elle. Pauvre gosse. Regardez-le, maintenant.

– Ça repoussera peut-être, osa le directeur.

– Peut-être que ça repoussera, répondit-elle en enflant le ton, ou peut-être que ça ne repoussera pas. Mais ce que je veux savoir c'est ce que vous comptez faire pour lui.

Quand j'entendis notre directeur proposer une lotion capillaire, je crus qu'elle allait lui sauter à la gorge mais elle se contenta de nous submerger d'un flot de paroles d'où il ressortait qu'elle envisageait plutôt une indemnité qu'une lotion. Elle en profita pour faire quelques observations sur notre journal en général, sur son utilité, ses ambitions à aider les autres, le bon sens et la sagesse de ses collaborateurs.

– Je ne vois vraiment pas en quoi nous pouvons être tenus pour responsables, trancha notre directeur qui était un homme un peu timide. Votre fils voulait des renseignements et il les a eus.

– Ce n'est pas le moment de plaisanter, répondit-elle (moi, j'étais bien certain qu'il n'avait pas envie de plaisanter ; ce n'était pas son habitude de prendre les choses à la légère). Ou alors vous allez voir ce qui va vous tomber sur le nez sans que vous le demandiez. Si je ne me retenais pas ! hurla-t-elle (et tellement soudainement que nous reculâmes comme des poules mouillées derrière nos chaises), je vous ferais la même tête.

Je suppose qu'elle voulait dire la même que son fils. Et elle ajouta quelques observations d'un goût douteux sur notre directeur. Ce n'était pas, à proprement parler, une femme très délicate.

Je pensais, de mon côté, que si elle nous intentait le procès dont elle nous menaçait elle n'obtiendrait jamais gain de cause ; mais notre directeur qui avait déjà eu maille à partir avec la justice était bien décidé à éviter la chicane à tout prix. Je l'avais souvent entendu dire :

– Si un homme m'accostait dans la rue pour me demander ma montre, je pense que je refuserais ; s'il essayait de me la prendre de force, il me semble, bien que peu bagarreur, que je ferais tout pour la défendre ; mais s'il dévoilait son intention de me traîner devant les tribunaux pour l'obtenir, je la sortirais de ma poche et la lui remettrais immédiatement en m'estimant heureux de m'en tirer à si bon compte.

Il arrangea donc l'affaire avec la femme au teint rubicond moyennant un billet de dix livres qui devait bien représenter pour le journal un mois de bénéfices. Alors, prenant son rejeton endommagé par la main, elle s'en alla.

Après son départ, le directeur vint me parler gentiment :

– Ne pensez surtout pas que je vous reproche quoi que ce soit. Ce n'est pas de votre faute. C'est un coup du sort. Continuez à vous occuper des conseils moraux et de la critique ; vous vous en sortez plutôt bien, mais, à l'avenir, ne vous risquez plus dans les *Conseils pratiques.* Je le répète, vous n'y êtes pour rien, vos renseignements étaient bons, personne ne cherche à dire le contraire ; simplement, vous n'avez pas la chance avec vous.

Je n'aurais jamais dû oublier ce conseil. Ça m'aurait évité – ainsi qu'à d'autres – pas mal de déboires. Je ne sais pas pourquoi mais il suffit que j'indique à quelqu'un le meilleur chemin de Londres à Rome pour qu'obligatoirement il perde ses bagages en Suisse ou qu'il fasse naufrage en quittant Douvres. Quand je donne mon avis sur l'achat d'un appareil photo, l'acheteur se fait immanquablement arrêter par la police allemande pour avoir photographié des forteresses militaires. Une fois, je me suis donné un mal de chien pour expliquer à un type comment se rendre à Stockolm où il devait aller épouser la sœur de sa femme défunte. Je m'étais renseigné pour lui sur les horaires de bateaux au départ de Hull et sur les meilleurs hôtels au cours de son trajet. Du départ à l'arrivée, on n'aurait pu relever la moindre erreur dans les renseignements que je lui avais fournis. Rien ne clochait nulle part. Et pourtant, depuis, il ne m'a plus jamais adressé la parole.

Voilà pourquoi, et à jamais, j'ai dominé en moi cette passion de donner des conseils utiles. Voilà pourquoi également je vais tout faire pour que vous n'en trouviez aucun dans ce livre. Vous n'y trouverez ni description de ville, ni réminiscence historique, ni théorie sur l'architecture et les monuments, ni discours moraux.

Un jour, j'avais demandé à un étranger intelligent ce qu'il pensait de Londres et il m'avait répondu :

– C'est une grande ville.

– Qu'est-ce qui vous a impressionné le plus ?

– Les gens.

– Et en comparant à d'autres villes comme Paris, Rome ou Berlin ?

– C'est plus grand. Qu'est-ce que vous voulez que je vous dise d'autre ?

Il n'y a rien qui ressemble plus à une fourmilière qu'une autre fourmilière. D'innombrables avenues, larges ou étroites où, dans une étrange confusion, grouillent de petites créatures, les unes affairées, l'air important, les autres s'arrêtant pour papoter ; celles-ci ployant sous de lourds fardeaux, celles-là tout simplement en train de se dorer au soleil. Des greniers remplis de vivres, beaucoup de cellules où ces créatures mangent, dorment et font l'amour. Un coin où reposent leurs petits ossements blanchis. Ici, du monde ; là, moins. Ici, on a construit sur le sable ; là, sur le roc. Une ville est née d'hier, l'autre vient du fond des âges, certains disent avant même l'arrivée des hirondelles. Allez savoir ?

On ne trouvera pas non plus dans ce livre des contes ou du folklore. Chaque hameau de chaque vallée a les siens. Je vous en donnerai seulement les canevas et vous pourrez broder dessus, en faire des vers ou encore les mettre en musique.

« Il était une fois une jeune fille. Vint un garçon qui l'aima puis s'en alla. » C'est toujours la même chanson triste en toutes les langues. Ce devait être un sacré voyageur, ce garçon ; il est connu dans toute l'Allemagne romantique. Les gens des Montagnes-Bleues, en Alsace, se souviennent très bien de son passage au moment même où il fit son apparition aux rivages d'Irlande. C'est un vrai Juif errant. Aujourd'hui encore, les belles imprudentes, dit-on, rêvent au bruit des sabots de son cheval qui se perd dans le lointain.

Dans telle contrée aujourd'hui dévastée, où l'on comptait autrefois des maisons pleines de cris et de rires, flotte encore un parfum de légende. Et là encore, je ne vous donnerai que l'essentiel ; à vous d'accommoder le plat à votre fantaisie. Prenez un cœur humain, ou deux, assortis ; une poignée de passions humaines – il n'en existe pas tant que ça, une demi-douzaine au plus ; assaisonnez-les avec un mélange de bien et de mal ; aromatisez le tout d'une pointe de sauce macabre et servez où et quand vous voulez. *La Cellule du saint*, *L'Abri hanté*, *Le Tombeau du donjon*, *Le Saut de l'amant*, appelez ça comme vous voulez, le ragoût est toujours le même.

Ce livre, enfin, ne contiendra pas de descriptions de paysages. Ce n'est pas paresse de ma part ; c'est délibéré. Rien n'est plus facile que de décrire un paysage, mais rien n'est plus ennuyeux à lire et surtout plus inutile. Quand Gibbon, pour décrire l'Hellespont, n'avait pour références que les légendes des anciens voyageurs, quand les étudiants anglais ne connaissaient des bords du Rhin que ce qu'ils en avaient lu dans les *Commentaires* de César, tout globetrotter, et d'où qu'il vienne, y allait de son mieux pour décrire les choses qu'il avait vues. Le docteur Johnson, habitué à la seule vue sur Fleet Sreet, devait prendre beaucoup de plaisir – et tirer grand profit – à la lecture d'une description des landes du Yorkshire. Pour un gosse de Londres qui n'avait rien vu de plus escarpé que les hauteurs de Hog's Back, dans le Surrey, un reportage sur le mont Snowdon, au Pays de Galles, devait être enchanteur. Pour nous, aujourd'hui, le bateau, le train et l'appareil photo ont changé tout ça. Pour quelqu'un qui, tous les ans, joue au tennis au pied du Cervin et au billard au sommet du Righi, une description minutieuse et soignée des collines de Grampian n'offre plus le moindre intérêt.

L'homme d'aujourd'hui qui a vu les chutes du Niagara en peinture (une dizaine de fois), en photos (une centaine), dans les magazines (un millier) et une ou deux fois en réalité, ne peut que trouver assommante la description littéraire d'une chute d'eau.

Un Américain de mes amis, fort cultivé, amoureux de poésie pure, me disait un jour qu'un petit bouquin de rien du tout, illustré de méchantes photographies, lui avait donné une idée plus vraie et bien plus satisfaisante du district des Lacs que n'importe quel texte de Coleridge, Southey et Wordsworth réunis. Toujours à propos de paysages, je me souviens également qu'il disait savoir gré à l'auteur d'une description à peu près autant qu'il se souciait de ce qu'il venait de manger à son dîner. Mais c'était à propos d'un autre problème ; à savoir le domaine propre à chaque art. Il maintenait que si la toile et les couleurs sont de piètres instruments pour illustrer les détours de la pensée, de même, pour « peindre » ce que l'on voit, les mots sont de bien mauvais interprètes.

Ça me remet en mémoire, avec une grande netteté, un après-midi à l'école. C'était en classe de littérature anglaise ; le cours avait commencé par la lecture d'un poème interminable et tout à fait soporifique. A ma grande honte, je dois dire que j'ai oublié le titre du poème et jusqu'au nom de son auteur. Après la lecture, les livres refermés, le professeur, un vieil homme peu sévère aux cheveux blancs, nous demanda de lui faire un compte rendu, dans notre propre vocabulaire, de ce que l'on venait de lire.

– Expliquez, dit-il d'un ton encourageant, ce que veut dire, au juste, ce poème.

– Monsieur, répondit le meilleur de la classe, tête baissée et un peu à contrecœur, c'est l'histoire d'une vierge.

– Bien, reconnut le professeur, mais je veux que vous vous exprimiez avec des mots de tous les jours. Nous, nous n'employons pas ce mot de « vierge », n'est-ce pas ? Nous disons plus simplement « une jeune fille » ? Bon, alors il s'agit d'une jeune fille, oui. Et puis ?

– Une jeune fille, reprit le garçon que la mise au point du professeur n'avait pas rassuré, bien au contraire ; une jeune fille qui vit dans une forêt.

– Quel genre de forêt ?

Le garçon fit longuement l'examen de son encrier, puis se mit à fixer le plafond.

– Allez ! s'impatienta le professeur, vous avez lu la description de cette forêt pendant au moins dix minutes. Vous devez tout de même être capable de me dire quelque chose sur elle ?

– Des arbres noueux... avec des branches entrelacées...

– Non, non, interrompit le professeur. Je ne vous demande pas de répéter le poème ; je veux que vous me disiez avec des mots simples dans quelle sorte de forêt habitait la jeune fille.

Voyant le professeur trépigner d'impatience, le garçon lança d'une traite :

– Monsieur, c'était une forêt comme toutes les forêts.

– Allez, vous, dites-lui quel genre de forêt c'était, dit le professeur en se tournant vers un autre élève.

Celui-ci répondit que c'était une forêt verte. Ce qui eut pour effet d'accroître encore l'agacement du professeur. Il traita le deuxième élève de crétin – je ne vois pas bien pourquoi, d'ailleurs – et s'adressa à un autre qui, depuis quelque temps, avait l'air sur des charbons ardents et qui agitait son bras droit de bas en haut comme un sémaphore détraqué. Interrogé ou non, il lui fallait à tout prix parler dans la seconde ; sa face cramoisie n'allait pas longtemps contenir sa réponse :

– Une forêt sombre et obscure, lâcha-t-il, visiblement soulagé.

– Une forêt sombre et obscure, oui, approuva le professeur. Et pourquoi était-elle sombre et obscure ?

Le même élève se montra encore à la hauteur :

– Parce que le soleil ne pouvait pas pénétrer à l'intérieur.

On aurait dit que le professeur venait de tomber sur le poète de la classe :

– Parce que le soleil ne pouvait pas y pénétrer ; ou, mieux encore : parce que les rayons du soleil ne pouvaient pas y pénétrer. Et pourquoi les rayons ne pouvaient pas y pénétrer ?

– Monsieur, monsieur, c'est parce que les feuilles étaient trop épaisses.

– Très bien, dit le professeur. La jeune fille vivait dans une forêt sombre et obscure où les rayons du soleil ne pouvaient pénétrer la voûte feuillue. Et maintenant, dites-moi ce qui poussait dans ce bois. Et il désigna un quatrième élève :

– Des arbres, Monsieur.

– Et quoi encore ?

– Des champignons, hasarda le quatrième élève après une hésitation.

Le professeur n'était pas très sûr qu'il y eût des champignons mais, en jetant un coup d'œil au poème, il vit que c'était exact.

– Bien, dit-il, il y poussait des champignons. Et quoi d'autre encore ? Qu'est-ce que l'on trouve aux pieds des arbres dans une forêt ?

– De la terre...

– Non ! quelque chose qui pousse ! Qu'est-ce qui pousse dans une forêt, à part les arbres ?

– Des buissons, Monsieur.

– Des buissons, très bien. Nous y voilà. Dans cette forêt, donc, nous avons des arbres et des buissons. Mais encore ?

Et il pointa le doigt vers un tout petit, au fond de la classe, qui avait décidé que la forêt en question était bien trop loin pour lui faire de l'ombre et qui trompait son ennui en jouant à la bataille navale contre lui-même. Désorienté et contrarié, il sentit néanmoins l'urgence d'ajouter quelque chose à cet inventaire ; il hasarda :

– Des mûres.

C'était une erreur, le poète n'avait pas parlé de mûres.

– Bien sûr, commenta le professeur, Klobstock pense tout de suite à quelque chose qui se mange.

Il se flattait d'avoir de l'esprit et se réjouit de voir fuser les rires moqueurs contre Kolbstock.

– Vous, reprit-il en se tournant vers un garçon du milieu de la classe, dites-moi ce qu'il y avait d'autre dans cette forêt en plus des arbres et des buissons.

– Monsieur, il y avait un torrent.

– Très bien. Et il faisait quoi, ce torrent ?

– Il murmurait, Monsieur.

– Non, non. Ce sont les ruisseaux qui murmurent... Les torrents... les torrents... ils... ils... ?

– Rugissent, Monsieur.

– Voilà ! il rugissait. Et qu'est-ce qui le faisait rugir ?

Ça, c'était le piège. L'un de nous – je reconnais

que ce n'était pas le plus futé, suggéra : « La jeune fille. »

Pour nous mettre sur la voie, le professeur posa sa question autrement :

– Quand rugissait-il ?

Venant à la rescousse, le troisième élève expliqua qu'il rugissait en retombant sur les rochers.

Je crois que certains d'entre nous eurent une bien piètre opinion de ce torrent qui rugissait pour si peu. Un peu plus vaillant, il se serait redressé et aurait poursuivi son chemin sans dire un mot. Un torrent qui rugit chaque fois qu'il retombe sur un rocher nous semblait sans courage. Le professeur, cependant, avait l'air assez satisfait.

– Et à part la jeune fille, qui d'autre vivait dans cette forêt ?

– Des oiseaux, Monsieur.

– Oui, il y avait des oiseaux, et quoi encore ?

Les oiseaux semblaient avoir épuisé nos dernières idées.

– Allez ! Comment s'appellent ces animaux, avec une queue, et qui grimpent aux arbres ?

Il y eut un moment de silence, et l'un de nous suggéra : « Des chats. »

Encore une erreur ; le poète n'avait pas parlé de chats. Le professeur essayait de nous faire dire : des écureuils.

Je ne me souviens plus des autres détails concernant cette forêt. Je me souviens seulement qu'il y était encore question du ciel ; que, si vous leviez les yeux, dans les trouées, entre les arbres, vous pouviez voir le ciel au-dessus de vous et que, très souvent, il y avait des nuages et, aussi, si ma mémoire est fidèle, que la jeune fille était parfois trempée de pluie.

Si je me suis attardé sur ces souvenirs, c'est parce qu'ils me semblent révélateurs de la description de paysages en littérature. A l'époque, je ne comprenais pas – et aujourd'hui je ne comprends pas davantage – pourquoi le résumé du premier élève n'avait pas suffi. Et malgré tout le respect que l'on doit au poète, on ne peut nier que sa forêt n'était et ne pouvait être « qu'une forêt comme toutes les forêts ».

Je pourrais vous décrire très longuement la Forêt-Noire. Je pourrais même vous traduire son grand poète : Hebel. Je pourrais sans doute écrire des pages et des pages sur ses gorges escarpées et ses riantes vallées, ses pentes couvertes de sapins, ses cimes couronnées de rocs, ses ruisseaux écumants (quand les Allemands méthodiques ne les ont pas condamnés à couler sagement dans des buses de bois ou dans des rigoles), ses villages blancs et ses fermes isolées.

Mais il me viendrait vite un doute : vous sauteriez tout ça. Et d'ailleurs, seriez-vous assez consciencieux – ou assez niais – pour le lire, je ne ferais jamais mieux que ces phrases toutes simples extraites d'un petit guide sans prétention :

« Une contrée montagneuse et pittoresque, bordée au sud et à l'ouest par le Rhin vers lequel des éperons montagneux descendent brutalement. Son origine géologique : grès schisteux et granite pour la plus grande partie. Ses pentes sont couvertes de forêts de sapins jusqu'à mi-hauteur. De nombreux cours d'eau arrosent la région. Ses vallées sont très peuplées, fertiles et bien cultivées. Les auberges y sont bonnes ; mais on y doit consommer leur vin avec modération. »

CHAPITRE VI

Pourquoi nous sommes passés par Hanovre. Ils font mieux sur le continent. L'art de la conversation raffinée en langue étrangère tel qu'on l'enseigne dans les écoles anglaises. Une histoire vraie racontée ici pour la première fois. La plaisanterie française fait le régal des jeunes Anglais. Les instincts paternels de Harris. Le cantonnier considéré comme un artiste. Le patriotisme de George. Ce que Harris aurait dû faire. Ce qu'il fit. Comment nous lui avons sauvé la vie. La ville qui ne dort jamais. Le cheval de fiacre comme critique.

Nous sommes arrivés à Hambourg le vendredi après une traversée calme et sans incident. Nous nous sommes ensuite rendus de Hambourg à Berlin en passant par Hanovre. Ce n'est évidemment pas le plus court chemin, et je ne peux justifier ce détour qu'à la manière du Noir interrogé par le juge sur le pourquoi de sa présence dans le poulailler d'un pasteur :

– Oui, Monsieur, le gendarme a raison, j'y étais, dans ce poulailler.

– Ah ! vous reconnaissez les faits ; et que faisiez-vous, s'il vous plait, dans le poulailler du pasteur Abraham, à minuit, avec un sac ?

– Mais, je vous l'ai déjà dit, Monsieur ; j'étais allé porter des melons à Missié Jordan. Oui, Monsieur, et Missié Jordan il est très gentil et il m'a fait entrer chez lui.

– Et après ?

– Oui, Monsieur, il est très gentil Missié Jordan, alors nous sommes restés à causer, à causer.

– Sans doute, mais ce que nous voulons savoir c'est ce que vous faisiez dans le poulailler du pasteur.

– C'est ce que j'allais vous dire, Monsieur. Il était bien tard quand j'ai quitté Missié Jordan, alors je me suis dit : Ulysse, t'as intérêt à pédaler si tu veux pas avoir d'ennuis avec la vieille. Parce qu'elle a pas sa langue dans sa poche ; ça, non, Monsieur.

– Laissez votre femme en dehors de ça. Ce n'est d'ailleurs pas la seule bavarde de cette ville. Revenons à notre affaire. La maison du pasteur Abraham est à plus de cinq cents mètres de la route qui va de chez Monsieur Jordan à chez vous. Qu'est-ce que vous faisiez là ?

– C'est ce que je vais vous expliquer, Monsieur.

– Heureux de l'apprendre. Alors ?

– Eh bien, Monsieur, je crois bien que j'avais dû m'écarter de mon chemin.

J'admets tout à fait que nous avions dû nous aussi nous écarter de notre chemin.

Au premier abord, Hanovre vous frappe par son manque d'intérêt. Mais, peu à peu, votre curiosité se réveille et grandit. En réalité, il y a là deux villes. L'une, moderne, aux rues larges et agréables, aux jardins magnifiques et l'autre, à côté, la ville du XVIe siècle, avec ses maisons à colombages surplombant des ruelles étroites, ses voûtes basses où l'on peut voir des galeries sur des cours qui ont sûrement, naguère, retenti de la cohue des attelages, quand les carrosses à six chevaux attendaient leur riche propriétaire et sa grosse femme tranquille. Aujourd'hui y traînent des poules et des gosses et l'on y fait sécher quelques pauvres hardes.

Une authentique atmosphère anglaise plane sur Hanovre ; surtout le dimanche, quand les magasins fermés et les cloches qui sonnent lui donnent l'air de Londres mais d'un Londres un peu plus ensoleillé. Je n'ai pas été le seul frappé par cette ambiance de dimanche anglais ; sinon, j'aurais pu mettre ça sur le compte de mon imagination. George eut la même sensation. Harris et moi, au retour d'une petite promenade digestive – le temps de fumer un cigare – l'avions retrouvé, un dimanche après-midi, assoupi dans le meilleur fauteuil du salon.

– Après tout, avait dit Harris, quiconque a du sang anglais dans les veines aura toujours un penchant pour le dimanche britannique. Quoi qu'en pense la nouvelle génération, sa disparition me ferait énormément de peine.

Là-dessus, nous asseyant chacun à un bout du vaste canapé, nous tînmes compagnie à George.

Certains prétendent que pour parler le meilleur allemand, c'est au Hanovre qu'il faut aller l'apprendre. Le problème c'est que sorti du Hanovre

– qui n'est qu'une province minuscule – personne ne comprend rien à ce « meilleur » allemand. Aussi, ou bien vous parlez un allemand parfait en restant au Hanovre, ou bien vous parlez un mauvais allemand en voyageant. Divisée pendant des siècles en une douzaine de principautés, l'Allemagne a le malheur de posséder une infinité de dialectes. Un habitant de Posen, s'il veut s'entretenir avec un habitant du Wurtemberg, fera mieux de parler français ou anglais. Les jeunes demoiselles, éduquées à grands frais en Westphalie, désolent leurs parents, incapables qu'elles sont d'entendre ne serait-ce qu'un seul mot quand on leur parle au Mecklembourg. De la même manière, il est vrai qu'un touriste, même parlant bien l'anglais, se trouverait complètement décontenancé sur les plateaux du Yorkshire ou autour de Whitechapel. Mais ce n'est pas tout à fait la même chose. En Allemagne, il n'y a pas que dans les campagnes qu'on parle les dialectes ; et ce ne sont pas uniquement les gens sans instruction qui en usent. Chaque province a son parler dont elle est fière et auquel elle est attachée. Un Bavarois cultivé admettra aisément que, du point de vue académique, le dialecte du nord est le plus correct. Mais ça ne l'empêchera pas de parler celui du sud, ni de l'enseigner à ses enfants.

Au cours des siècles, je me demande si l'Allemagne ne résoudra pas ses difficultés en adoptant la langue anglaise. Tous les jeunes gens et les jeunes filles d'Allemagne – mis à part les paysans – parlent anglais. L'anglais deviendrait même sûrement, et en peu de temps, la langue de la planète, si sa prononciation était moins arbitraire. Tout le monde convient que c'est la langue la plus facile au plan grammatical. Comparée à sa propre langue – où chaque mot de chaque phrase est régi par au moins quatre règles précises – un Allemand vous dira qu'il n'y a pour ainsi dire pas de grammaire en anglais. Il semblerait d'ailleurs que pas mal d'Anglais soient arrivés à la même conclusion. Ils ont tort, bien sûr, il y a une grammaire anglaise ; c'est indéniable. Un jour, peut-être, nos écoles elles-mêmes l'admettront ; elles l'enseigneront alors aux élèves et, qui sait, la grammaire pénétrera jusque dans les milieux littéraires et journalistiques. Pour le moment, chez nous, il semble qu'on soit de l'avis des étrangers et qu'on tienne la grammaire pour quantité négligeable. C'est la prononciation de l'anglais qui reste la pierre d'achoppement du développement universel de notre langue. L'orthographe a l'air d'être un déguisement de sa prononciation. C'est d'ailleurs un bon moyen de rabattre les prétentions des étrangers ; sans ça, ils seraient capables d'apprendre l'anglais en un an.

Pour l'enseignement des langues, les Allemands ont une méthode bien différente de la nôtre, et qui explique pourquoi, à la sortie du collège ou du lycée, un jeune Allemand ou une jeune Allemande, « ça » (comme on peut le dire en allemand sans problème pour les deux sexes), « ça » peut comprendre et parler la langue que « ça » a apprise. En Angleterre, notre méthode permet seulement d'obtenir le minimum de résultats, pour le maximum de dépenses en temps et en argent. Un jeune Anglais, sortant d'une bonne école, quand il veut discuter avec un Français, ne sait que lui parler de jardinier et de tantes ; c'est un peu court pour quelqu'un qui n'a ni l'un ni les autres. S'il est brillant, il arrivera peut-être à donner l'heure ou il se risquera à une remarque prudente sur le temps. Il sera capable de vous réciter une sérieuse quantité de verbes irréguliers par cœur ; seulement, et c'est là le hic, on ne rencontre pas beaucoup d'étrangers qui raffolent d'entendre réciter leurs propres verbes irréguliers par un jeune Anglais. Notre étudiant aura également retenu un choix de locutions françaises, mais tellement saugrenues que jamais un Français n'en a entendu de telles ou ne les a comprises si jamais il les a entendues. Pourquoi ? Parce que, neuf fois sur dix, il a appris le français dans le *Cours élémentaire d'Ahn*.

A l'origine, ce livre avait été écrit par un Français plein d'esprit qui avait séjourné quelques années en Angleterre. Pour s'amuser, il avait composé une sorte de satire sur les particularités de la conversation anglaise en société. Et, de ce point de vue, c'était assez bien senti. Il le proposa alors à une maison d'édition londonnienne. Le directeur de cette maison, qui était astucieux, parcourut le manuscrit et convoqua l'auteur :

– Votre livre est très intelligemment écrit. Il m'a fait rire aux larmes.

– Je suis enchanté de l'apprendre, répondit le Français flatté. J'ai tenté d'être vraisemblable et pas trop agressif.

– C'est très amusant, reprit le directeur. J'ai pourtant le sentiment que si nous le publions comme un divertissement anodin, nous n'obtiendrons pas un très grand succès.

La figure de l'auteur s'allongea.

– Son humour, continua le directeur, sera perçu comme outré et extravagant. Les intellectuels, les gens d'esprit, s'en amuseront, certes, mais ils n'ont jamais représenté une véritable force du point de vue commercial. Alors j'ai une idée. (D'un rapide coup d'œil, il fit le tour de la pièce, comme pour s'assurer qu'ils étaient bien seuls, et sa voix se fit murmure) : nous allons le publier comme si c'était un manuel sérieux à l'usage des écoles.

L'auteur, interloqué, écarquilla les yeux.

– Je connais bien les enseignants britanniques, poursuivit le directeur. Ce livre va les enchanter. Il va coller exactement à leurs méthodes. Comme il est impossible qu'ils puissent jamais rien trouver de plus crétin ni de plus inutile, ils vont s'en lécher les babines comme un gosse devant une sucette.

L'auteur, sacrifiant l'art au profit, accepta. Ils modifièrent le titre du livre et ajoutèrent un glossaire mais sans rien changer au contenu.

Tous les écoliers connaissent le résultat. *Ahn* est devenu le parangon de la philologie anglaise. S'il n'a pas gardé la première place, c'est parce qu'on a, depuis, trouvé autre chose d'encore moins adapté au sujet.

Si malgré tout un écolier britannique parvenait, grâce à la méthode *Ahn*, à apprendre un soupçon de français, les méthodes pédagogiques anglaises se chargeraient bien vite de ruiner son pauvre acquis avec ce que les petites annonces appellent « un maître autochtone ». Ce Français de France, qui, soit dit en passant, est le plus souvent un Belge, est, sans nul doute, un personnage fort méritant qui comprend – c'est vrai – et même parle couramment sa propre langue ; mais là s'arrêtent ses compétences. En général, il montre une formidable incapacité à enseigner quoi que ce soit à quiconque. On dirait qu'il a été choisi non pas pour enseigner mais pour amuser les élèves. Il a toujours une allure rigolote : une école anglaise n'accepterait jamais un Français à l'air distingué. Il est d'autant plus estimé par ses supérieurs qu'il a le don de provoquer l'hilarité. Naturellement, toute la classe le regarde comme un rigolo, et les trois ou quatre heures perdues, chaque semaine, à des facéties d'un autre âge, sont bien sûr appréciées par les élèves comme un intermède enchanteur dans une existence d'ennui. Aussi, quand un père, bouffi d'orgueil, emmène son rejeton à Dieppe et qu'il s'aperçoit que celui-ci n'est même pas capable de héler un fiacre, ce n'est pas la méthode qu'il accuse mais la pauvre victime innocente.

Je me limite au français parce que c'est la seule langue que nous tentons d'enseigner à nos enfants. (Un jeune Anglais qui parlerait allemand serait, je crois bien, considéré comme peu patriotique.) Et je ne comprends toujours pas pourquoi nous perdons notre temps à enseigner même le français selon cette méthode. Ne savoir absolument rien d'une langue n'est pas déshonorant ; et mis à part les journalistes et les romancières pour qui c'est une obligation professionnelle, cette pseudo-connaissance du français, dont nous sommes si fiers, ne nous sert à rien sinon à nous rendre ridicules.

Dans les écoles allemandes, la méthode est sensiblement différente. On consacre une heure par jour à l'étude d'une langue pour que l'élève n'ait pas le temps d'oublier entre deux leçons. Pas non plus de répétiteur étranger rigolo pour divertir la classe. La langue d'option est enseignée par un professeur allemand qui la connaît comme la sienne propre. Cette méthode ne donne peut-être pas à la jeunesse allemande cette perfection dans l'accent qui rend le touriste britannique si remarquable en tous pays, mais elle a d'autres avantages. Les élèves n'appellent pas leur professeur « la Grenouille » ou « le Rosbif ». Ils ne font pas provision de plaisanteries de mauvais goût pour l'heure de français ou d'anglais. Ils assistent simplement aux cours et tentent, dans la mesure du possible, de tirer profit de l'enseignement de cette langue. En quittant l'école, ils sont capables de parler d'autre chose que de canifs, de jardiniers et de tantes. Ils peuvent aborder des sujets comme la politique européenne, l'histoire, Shakespeare, la musique symphonique, selon le sujet de la conversation.

En regardant vivre les Allemands, j'aurai l'occasion, dans ce livre, de les critiquer du point de vue anglo-saxon. Mais, dans de nombreux domaines, nous avons beaucoup à apprendre d'eux. Et pour ce qui concerne le bon sens en matière d'éducation, ils nous en remontrent à quatre-vingt-dix-neuf pour cent et nous battent haut-la-main.

Au sud et à l'ouest, Hanovre est bordé par la belle forêt d'Eilenriede qui fut pour nous le théâtre d'un drame où Harris joua le premier rôle.

Nous roulions dans cette forêt, parmi de nombreux cyclistes, car le vélo est un divertissement fort prisé des Hanovriens les après-midi de beau temps. Les allées ombragées étaient remplies d'une foule joyeuse et insouciante. On remarquait, parmi tous ces randonneurs, une très belle jeune fille sur un vélo neuf. On la sentait un peu novice. On devinait d'instinct qu'elle aurait un problème d'un moment à l'autre. Harris, toujours aussi chevaleresque, proposa aussitôt que nous roulions à ses côtés. Il a lui-même des filles, comme il le rappelle sans cesse ; pour parler plus précisément, il a *une* fille qui, avec le temps, va bien évidemment cesser de faire des galipettes dans le jardin pour devenir une belle jeune fille tout à fait comme il faut. C'est évidemment ce qui donne à Harris le droit de s'intéresser à toutes les jeunes femmes dans les trente-cinq ans environ. Comme il dit, ça lui rappelle la maison.

Nous venions de faire à peu près deux kilomètres lorsque, pas très loin devant nous, nous aperçûmes, au croisement de cinq routes, un homme avec un tuyau d'arrosage en train de nettoyer le rond-point. Le tuyau était garni de roulettes à ses articulations et suivait notre homme lors de ses déplacements, comme un ver géant, en crachant de sa gueule ouverte un jet puissant d'au moins dix litres à la seconde. L'homme s'y cramponnait fermement des deux mains, le pointant d'un côté et de l'autre, tantôt vers le ciel, tantôt vers le sol.

– C'est drôlement mieux que chez nous, dit Harris avec enthousiasme, sévère, comme toujours, à l'égard des coutumes britanniques. C'est plus simple, plus rapide et plus économique. En cinq minutes, ce bonhomme peut arroser une portion de route que nos camions poussifs et tellement peu maniables mettraient une demi-heure à faire.

– Oui mais avec ce système, un bonhomme un peu insouciant est en mesure d'arroser aussi un bon nombre de personnes avant qu'elles aient le temps de se mettre à l'abri, répliqua George qui pédalait derrière moi sur le tandem.

A l'inverse de Harris, George est anglais jusqu'au bout des ongles. Je me souviendrai toujours de George s'indignant, je dirais *patriotiquement*, contre Harris qui suggérait d'adopter la guillotine en Angleterre et en vantait les mérites :

– C'est tellement plus propre !

– Propre ou pas, je m'en fiche, répondit George. Je suis anglais et la pendaison me suffit amplement.

– Nos camions d'arrosage ont peut-être quelques inconvénients, reprit George, mais ils ne peuvent jamais, tout au plus, que vous mouiller un peu les jambes et vous pouvez toujours les éviter ; tandis que là, avec ce truc, le type est capable de vous poursuivre au coin de la rue et même dans les étages.

– Les arroseurs me fascinent, dit Harris. Ils sont vraiment doués ! J'en ai vu un, à Strasbourg, nettoyer chaque parcelle du sol, à un carrefour envahi de monde, sans faire gicler ne serait-ce qu'une goutte d'eau sur les souliers des passants. C'est fou ce qu'ils savent apprécier les distances. Ils arrivent à diriger leur jet juste au bout de vos pieds puis à l'envoyer au-dessus de votre tête pour le faire retomber au ras de vos talons. Ils peuvent...

– Arrêtons-nous un moment, dit George.

– Pourquoi ?

– J'ai envie de me cacher derrière un arbre pour voir la suite de la scène, dit George. Car, si certains types sont doués pour ce genre de besogne, comme le dit Harris, il me semble qu'il manque un petit quelque chose à notre artiste arroseur. Il vient d'asperger un chien et, en ce moment, il est en train d'arroser un poteau indicateur. J'ai envie de voir comment ça va finir.

– C'est ridicule, dit Harris, il ne risque pas de vous mouiller !

– C'est justement ce dont je veux être sûr, répondit George. Et, ce disant, il sauta du tandem et prit position derrière un orme superbe en commençant à bourrer sa pipe.

Je n'avais pas envie de pédaler tout seul sur le tandem, aussi je m'arrêtai, appuyai l'engin contre un arbre et courus rejoindre George tandis que Harris, après nous avoir crié quelque chose comme : « Vous êtes une honte pour la terre qui vous a vus naître ! », continua son chemin.

A cet instant, on entendit une femme pousser un cri de détresse. Jetant un regard vers le carrefour, je m'aperçus que ce cri venait de la jeune et jolie femme dont nous avions parlé tout à l'heure et que notre dispute au sujet de l'arroseur nous avait fait oublier. Elle pédalait, droite et courageuse, à travers les trombes violentes du jet d'eau. Elle avait l'air tellement saisie qu'elle semblait incapable de descendre de son vélo ou de s'écarter du jet. Elle était en train de se tremper complètement car le type – visiblement saoul ou aveugle – continuait à l'asperger avec une parfaite indifférence. Une douzaine de voix eurent beau se mettre à l'injurier, il restait complètement impassible.

Profondément remué dans ses sentiments paternels, Harris fit ce qu'en cette circonstance il convenait de faire. (Eût-il montré par la suite le même sang-froid et le même bon sens qu'il fût devenu le héros du moment au lieu d'avoir à se sauver sous les quolibets et les lazzis.) Sans hésiter une seconde, il fonça sur le type, sauta à terre et, s'emparant de la lance d'arrosage, il essaya de la lui arracher.

Mais ce qu'il aurait dû faire, ce que tout homme au sens rassis aurait fait au moment où il eut la lance en mains, c'était de fermer le robinet. Après, il avait tout loisir de se servir du bonhomme comme d'un ballon de football ou une balle de tennis, sous les applaudissements des vingt ou trente spectateurs accourus pour voir la scène. Mais son idée, comme il nous le raconta par la suite, était de prendre la lance des mains du type pour la retourner contre sa tête d'andouille. Il semble malheureusement que l'arroseur partageait son idée : tenir fermement la lance et s'en servir comme d'une arme en la dirigeant contre Harris. Le résultat, bien sûr, c'est qu'à eux deux ils arrivèrent à asperger toutes les choses, vivantes ou inanimées, sauf eux-mêmes. Un homme, furieux, tellement trempé qu'il ne se souciait même plus de ce qui pouvait lui arriver, entra dans l'arène pour prendre part au combat. A trois, avec la lance, ils n'eurent aucun mal à faire le vide autour d'eux. Ils la dirigeaient vers le haut, et l'eau retombait sur les gens en averse tropicale. Ils la dirigeaient vers le bas, et envoyaient l'eau gicler sur les gens avec violence. Ils menaçaient même de leur faire perdre pied ou, les atteignant à la taille, ils les faisaient se casser en deux.

Aucun d'eux trois ne voulait lâcher prise. Aucun d'eux ne pensait à fermer le robinet. On les aurait crus luttant contre une force naturelle des premiers âges. En quarante-cinq secondes – d'après George qui avait chronométré – ils balayèrent le rond-point, n'y laissant qu'un chien qui, ruisselant comme une ondine, roulé par le jet d'un côté et de l'autre, parvenait de temps en temps à se remettre sur pattes en aboyant contre ce qu'il devait prendre pour une puissance libérée des enfers.

Tout le monde avait laissé son vélo par terre pour se réfugier dans la forêt. De chaque arbre, on voyait surgir une tête mouillée et furieuse.

Enfin, un homme de bon sens entra en lice. Bravant tout, il se glissa jusqu'à la prise d'eau et ferma le robinet avec la clé de fer. Alors, de derrière une quarantaine d'arbres, on vit sortir des êtres humains, tous plus ou moins trempés et l'injure à la bouche.

Immédiatement, je supputai ce qui serait le plus pratique, pour transporter les restes de Harris à l'hôtel, du brancard ou de la panière à linge. J'estime que seule la célérité de George sauva la vie de Harris en cette occurrence. Sec, et par conséquent plus rapide que les autres, il arriva avant la curée. Harris avait envie de s'expliquer mais George coupa court.

– Montez là-dessus, lui ordonna-t-il en lui présentant son vélo, et filez. Personne ne sait que nous sommes avec vous et vous pouvez compter sur nous pour ne pas leur faire de révélations. Nous lambinerons derrière vous le temps qu'ils retrouvent leur chemin. Roulez en zigzag au cas où ils vous tireraient dessus.

Soucieux de ne relater dans ce livre que des faits strictement authentiques et sans la moindre exagération, j'ai soumis la description de cet incident à Harris de peur qu'un élément controuvé s'y soit glissé. Il l'a estimée un peu forcée tout en reconnaissant qu'une ou deux personnes avaient bien été « légèrement aspergées ». A quoi je lui ai proposé qu'on dirige contre lui, d'une distance de vingt mètres, une lance d'arrosage municipal, pour voir si l'expression « légèrement aspergé » convenait dans ce cas ; il n'a pas voulu tenter l'expérience. Il a nié farouchement le chiffre d'une quarantaine de victimes, le prétendant même ridiculement gonflé. Pour sa part, il estimait qu'ils étaient une demi-douzaine au plus.

Quand je lui proposai de repartir avec lui pour Hanovre afin d'y mener une enquête sérieuse, il refusa de la même manière. Partant, je maintiens que ma relation de ces événements n'est que pure vérité et j'ajoute qu'un certain nombre d'habitants de Hanovre s'en souviennent aujourd'hui encore avec amertume.

Nous quittâmes Hanovre le soir même et arrivâmes à Berlin un peu avant le dîner, le temps de faire une petite balade. Berlin est décevant. Un centre surpeuplé, des faubourgs déserts. *Unter den Linden,* l'artère la plus célèbre, qui voudrait ressembler à la fois aux Champs-Élysées et à Oxford Street, manque curieusement de grandeur : beaucoup trop large pour sa longueur. Les théâtres de Berlin sont charmants et coquets et le jeu des acteurs y est beaucoup plus prisé que la mise en scène ou les costumes. Les spectacles n'y tiennent pas l'affiche très longtemps ; on y fait alterner les pièces à succès l'une après l'autre et, pendant une semaine, vous pouvez aller tous les soirs dans le même théâtre et y voir une pièce nouvelle. L'Opéra n'est pas digne d'une capitale et les deux music-halls ont l'air bien tristes : trop grands pour qu'on s'y sente à l'aise, il y règne toujours un parfum de vulgarité et de banalité. Dans les cafés et les restaurants, les heures d'affluence se situent entre minuit et trois heures du matin. Ce qui n'empêche pas les dîneurs, le lendemain, de se lever à sept heures. Les Berlinois ont-ils résolu le grand problème de la vie moderne : vivre sans dormir ? Ou bien, tel Carlyle, se réservent-ils pour l'éternité ?

Personnellement je ne connais qu'une ville où l'on se couche aussi tard : Saint-Petersbourg. Seulement, à Saint-Petersbourg, on ne se lève pas de si bonne heure. Les music-halls, où il est de bon ton de n'aller qu'*après* le théâtre, n'ouvrent pratiquement qu'à minuit et il faut bien une demi-heure pour s'y rendre. Ensuite, pour retraverser la Néva au petit matin, il faut carrément jouer des coudes. Les meilleurs trains sont ceux qui partent à cinq heures. Ils évitent aux Russes de se lever trop tôt. Après avoir souhaité une bonne nuit à leurs amis, une fois absorbé un confortable souper, sans mettre en aucune manière leur maisonnée sens dessus dessous, ils descendent vers la gare.

Postdam, jolie petite cité entre lacs et forêts, est le Versailles de Berlin. Là, dans les allées ombreuses et calmes du vaste parc de Sans-Souci, on n'a pas de peine à imaginer Frédéric, maigre et saupoudré de tabac, déambulant avec l'acide Voltaire.

Se rangeant à mon avis, George et Harris furent d'accord pour ne pas rester longtemps à Berlin et nous décidâmes de poursuivre notre route vers Dresde. Tout ce qu'on peut voir à Berlin, on peut le voir ailleurs et en mieux ; aussi, nous résolûmes de n'y faire qu'un petit tour en fiacre à travers les rues. Le portier de l'hôtel nous présenta un cocher qui, d'après lui, pouvait nous faire visiter tout ce qu'il y avait de remarquable à Berlin, et dans le moins de temps possible. L'homme vint nous prendre à neuf heures du matin. On ne pouvait pas rêver mieux. Il était vif, intelligent, et paraissait bien documenté. On comprenait son allemand facilement et il avait quelques bonnes notions d'anglais à l'occasion. L'homme, donc, en lui-même, n'était pas mauvais bougre mais son cheval était la brute la plus hargneuse derrière laquelle je me sois jamais assis.

Dès qu'il nous aperçut, il nous détesta. Comme je fus le premier à sortir de l'hôtel, il tourna la tête vers moi, me toisa de haut en bas de son œil froid et chassieux, puis se tourna vers un autre cheval qui était à côté de lui ; un de ses amis. Je compris très nettement ce qu'il lui disait. (Il était très expressif et ne cherchait même pas à dissimuler ses pensées.)

– On rencontre de drôles de loustics en été, pas vrai ?

George, qui me suivait de près, s'immobilisa derrière moi et le cheval tourna la tête vers lui pour le détailler. Je n'avais jamais vu de cheval capable de se contorsionner comme celui-là. J'avais déjà vu une girafe, avec son cou, faire des trucs bizarres qui vous surprenaient bien un peu mais là, on aurait plutôt pensé à ces choses fabuleuses auxquelles on rêve, vous savez, après une journée de poussière, à Ascot, suivie d'un dîner bien arrosé en compagnie de trois vieux compères. Je n'aurais pas été plus surpris si j'avais vu ses yeux me fixer entre ses postérieurs. Il me semble qu'il trouvait George plus amusant que moi. De nouveau, il se tourna vers son ami :

– C'est extraordinaire, non ? Il y a sûrement un endroit sur terre où ça pousse, des gens comme ça ! Et, ce disant, il se débarrassa des mouches, sur son épaule, en se léchant. Je commençais à me demander si, ayant perdu sa mère tout petit, il n'avait pas été élevé par une chatte.

Nous nous installâmes, George et moi, en attendant Harris. Il arriva l'instant d'après, assez chic ; il portait un costume de flanelle blanche, avec knickerbockers, qu'il avait fait tailler spécialement pour faire du vélo par temps chaud. Son chapeau était un tantinet extravagant mais protégeait très bien du soleil. Le cheval le regarda, s'écria : *« Gott im Himmel ! »* (Dieu du ciel !) aussi clairement qu'un cheval pût le dire, et il prit la Friedrich Strasse au grand trot, abandonnant Harris et le cocher sur le trottoir. Celui-ci lui criait de s'arrêter mais il n'écoutait même pas. Suivi de Harris, le cocher se mit à courir derrière nous. Ils nous rattrapèrent au coin de la Dorothen Strasse. Je ne saisis pas très bien ce que le cocher dit alors au cheval ; il lui parlait vite et il était très excité. Je parvins seulement à discerner quelques phrases comme :

« Il faut bien que je gagne ma vie, non ? », « Personne ne t'a demandé ton avis ! », « Ouais, mon petit, tu t'en fiches toi, du moment que tu peux bâfrer. »

Le cheval mit fin à la dispute en prenant la Dorothen Strasse de sa propre initiative. En même temps, il me sembla l'entendre qui répondait :

– Bon, alors on y va. Mais tais-toi un peu. Finissons-en vite avec cette plaisanterie et prenons des rues moins passagères.

En face de la porte de Brandebourg, le cocher attacha les rênes à son fouet pour nous donner quelques explications. Il nous montra le Thiergarten, nous fit une description du Reichtag : longueur, largeur, hauteur ; on aurait dit un guide. Puis, il attira notre attention sur la porte elle-même, précisant qu'elle était en grès et construite sur le modèle des « Properlées » de l'Acropole, à Athènes.

A cet instant, le cheval, qui jusqu'alors tuait le temps en se léchant les jambes, tourna la tête et, sans rien dire, se mit à regarder le cocher.

Celui-ci alors reprit nerveusement :

– Sur le modèle des « Propeyleyées ».

Le cheval se lança aussitôt dans les *Linden* et l'on sentait bien que rien n'aurait pu l'empêcher de prendre les *Linden*. Son patron lui fit quelques remarques mais il continuait à trotter. A sa façon de hausser les épaules en trottant, il me semblait l'entendre : « Bon, ils l'ont vue, cette porte, hein ? Alors ça suffit. Comme de toute façon vous ne savez même pas de quoi vous parlez, ils ne pourront jamais vous comprendre. Alors, parlez donc allemand ! »

Et ainsi de suite jusqu'à la fin des *Linden*. Le cheval ne consentait à s'arrêter que le temps de nous laisser jeter un coup d'œil et d'entendre le nom des différents endroits que l'on rencontrait, puis il coupait court aux explications et aux descriptions en se remettant en marche et en marmonnant :

– Tout ce qu'ils veulent, ces rigolos, c'est pouvoir raconter, en rentrant, qu'ils ont vu ça et ça. A moins que je me montre injuste envers eux et qu'ils soient plus intelligents qu'ils en ont l'air. Auquel cas, dans n'importe quel guide ils trouveront de bien meilleures explications que celles que leur donne ce vieux crétin. Qu'est-ce qu'on a à faire de la hauteur d'un clocher ? (On l'oublie d'ailleurs au bout de cinq minutes, quand on vous la donne et, si on ne l'oublie pas, c'est que vraiment on n'a rien d'autre dans la tête). Qu'est-ce qu'il me fatigue avec ses discours ! Qu'il se dépêche un peu et qu'on aille déjeuner.

Après réflexion, je me demande si ce n'est pas cette vieille bête bigleuse qui était dans le vrai. Et j'ajouterai même qu'il m'est arrivé parfois de me trouver en compagnie de guide dans des circonstances où j'aurais beaucoup apprécié les interruptions de ce cheval.

Cependant, et bien que l'on doive à tout péché miséricorde, nous avions plus envie de maudire ce cheval que de le bénir.

CHAPITRE VII

George s'émerveille. L'amour allemand de l'ordre. « La chorale des Merles de la Forêt-Noire se produira à sept heures du matin. » Le chien de faïence. Sa supériorité sur tous les autres chiens. Les Allemands et le système solaire. Un pays très ordonné. La vallée de montagne telle qu'elle doit être dans l'idéal allemand. Comment les cours d'eau coulent en Allemagne. Le scandale de Dresde. Harris propose un divertissement. Il n'est pas apprécié. George et sa tante. George, le coussin et les trois demoiselles.

A un moment, entre Berlin et Dresde, George, qui depuis un bon quart d'heure regardait par la fenêtre du compartiment, déclara :

– Pourquoi accroche-t-on les boîtes aux lettres au sommet des arbres dans ce pays, et non devant la porte des maisons comme chez nous ? Ce doit être la barbe de grimper là-haut pour prendre son courrier ! Sans compter que ce n'est pas drôle pour le facteur ! Et qu'est-ce que ce doit être dangereux les nuits de tempête ! S'ils tiennent absolument à mettre leur boîte aux lettres dans des arbres, pourquoi ne pas les fixer plus bas au lieu de les percher dans les branches les plus hautes ? Mais peut-être que je me trompe sur ce pays : les Allemands, qui nous devancent en de nombreux domaines, ont sans doute mis au point la distribution du courrier par pigeons voyageurs ? Mais alors, même dans ce cas, on ne m'empêchera pas de penser que ç'aurait été plus malin de dresser les pigeons à déposer les lettres près du sol. Prendre son courrier doit quand même être bien pénible pour l'Allemand moyen.

Je suivis le regard de George, à travers la fenêtre :

– Ce ne sont pas des boîtes aux lettres, lui dis-je ; ce sont des nids ! Il faut bien comprendre ce pays. Les Allemands aiment les oiseaux mais à condition qu'ils soient ordonnés. Un oiseau laissé à lui-même construit son nid n'importe où ! Et, du point de vue de l'esthétique germanique, un nid, ce n'est pas une très belle chose. Jamais un coup de peinture, pas la moindre petite statuette en plâtre à côté, et même pas de drapeau ! De plus, quand il a construit son nid, l'oiseau s'envole, va et vient, de ci, de là, laisse tomber sur la pelouse des brindilles, des morceaux de vers et des monceaux d'autres saletés. Il est grossier. Il fait l'amour ou se dispute avec son épouse à tout bout de champ, donne la becquée à ses enfants devant tout le monde. Le propriétaire allemand scandalisé dit à l'oiseau :

– J'ai des tas de raisons de t'aimer : j'aime te regarder. J'aime t'entendre chanter. Mais je n'aime pas tes manières ! Alors tu vas prendre cette petite boîte, me fourrer tous tes détritus dedans et que je ne les voie plus ! Sors quand tu as envie de chanter mais cache ta vie privée à l'intérieur, compris ?

Reste dans ta boîte et ne mets plus la pagaille dans tout le jardin.

En Allemagne, les bébés tètent l'ordre en même temps que le lait. Ils agitent leur hochet en mesure. Tout naturellement, les oiseaux allemands en sont venus à préférer les boîtes à leur propre nid et ils considèrent même avec mépris les derniers barbares qui en construisent encore dans les arbres ou dans les haies. Un jour, on peut en être sûr, les oiseaux d'Allemagne prendront tous place au sein de la grande chorale de la nature. Leurs gazouillis confus et décousus, on le sent bien, irritent beaucoup l'esprit pointilleux des Allemands. Ils n'ont aucune méthode. Avec leur amour de la musique, les Allemands vont organiser tout ça. Un gros oiseau, au jabot particulièrement orgueilleux, sera dressé à les diriger et, au lieu de gâcher leurs talents un peu partout dans les forêts à quatre ou cinq heures du matin, ils donneront des concerts dans des guinguettes, à l'heure affichée, avec accompagnement au piano. Les choses vont sûrement se passer de cette manière.

Notre Allemand donc, aime la nature, mais il aime une nature ordonnée, voire rythmée. Il s'intéresse beaucoup à son jardin. Il y plante régulièrement sept rosiers au nord, sept au sud et, si jamais ils ne poussent pas à la même vitesse, s'ils n'atteignent pas la même hauteur au même moment et qu'ils n'ont pas tous le même aspect, il en perd le sommeil. Il attache chaque fleur à un tuteur, ce qui nuit un peu à sa conception de la fleur, mais, ainsi, il sait qu'elle vivra et se conduira comme il faut. Il possède un bassin avec une bordure en zinc qu'il transporte toutes les semaines dans sa cuisine pour la récurer. Au centre exact de sa pelouse, qui bien souvent n'est pas plus grande qu'une nappe et entourée d'une petite rambarde, il dispose un chien de faïence. Les Allemands sont littéralement fous des chiens mais ils les préfèrent généralement en faïence. Le chien de faïence ne fait pas de trou dans le gazon pour y cacher ses os ; il n'envoie pas voler les fleurs des parterres aux quatre vents avec ses pattes de derrière ; il ne bouge pas de l'endroit où vous l'avez placé et ne va jamais où vous n'avez pas envie de le voir. Du point de vue allemand, c'est le chien idéal. Vous pouvez en acquérir qui répondent absolument aux normes de la dernière exposition canine ou, au contraire, et suivant vos propres fantaisies, en choisir un vraiment unique. Contrairement à ce qui se passe avec les autres chiens, vous n'êtes pas limité par les questions de gènes : en faïence, votre chien peut être bleu ou rose et, en y mettant le prix, vous pouvez même en avoir un à deux têtes.

A un certain moment, en automne, les Allemands attachent toutes leurs fleurs en une sorte de buisson et les recouvrent d'une natte. A un autre moment précis, en été, ils les découvrent et les repiquent. Si l'automne est exceptionnellement beau ou le printemps exceptionnellement tardif, tant pis pour les malheureuses plantes. Un bon Allemand ne souffrira jamais de changer ses habitudes en fonction d'une chose aussi capricieuse que le système solaire. Ne pouvant dominer le temps, il l'ignore.

L'arbre préféré des Allemands est le peuplier. D'autres nations, plus désordonnées, peuvent bien chanter les charmes du chêne rugueux, du marronnier touffu ou de l'orme ondulant ; ces essences, aux manières désordonnées et capricieuses, choquent les yeux allemands. Le peuplier pousse où on le plante et comme on le plante. Il n'a jamais la plus petite velléité incongruë. Il ne se veut ni touffu ni ondoyant. Il pousse simplement, tout droit, comme un arbre allemand doit pousser. Petit à petit, les Allemands vont arracher tous leurs arbres pour les remplacer par des peupliers.

Ils aiment la campagne mais, comme la femme qui venait d'apercevoir un superbe sauvage, ils la préfèrent « plus habillée ». Ils aiment se promener dans les forêts... vers un restaurant. Les petits sentiers ne doivent pas être trop bourbeux et, au besoin, être équipés d'un caniveau. Tous les quinze mètres environ, on doit pouvoir trouver un banc pour se reposer et s'éponger le front. Car ils ne songent pas plus à s'asseoir sur l'herbe qu'un évêque anglican ne rêve de dévaller une pente en faisant des galipettes. Ils aiment jouir du panorama au sommet d'une colline mais à condition d'y trouver une table d'orientation pour leur montrer ce qu'il faut regarder et une autre table – avec des bancs celle-ci – pour la pause bière et les sandwichs qu'ils ont eu la sagesse d'apporter avec eux. Si, par-dessus le marché, ils peuvent trouver accroché à un arbre un écriteau sur lequel un arrêté de police interdit de faire ceci ou cela, ils éprouveront de surcroît un merveilleux sentiment de confort et de sécurité.

Ils ne sont pas contre un paysage sauvage, pourvu qu'il ne soit pas *trop* sauvage. Car, s'ils le considèrent comme *trop* sauvage, ils l'apprivoisent immédiatement. Je me souviens d'une vallée étroite et pittoresque, près de Dresde, qui descendait vers l'Elbe. Une route en lacets serpentait le long d'un torrent de montagne qui écumait et rebondissait sur des rochers, entre des rives ombragées, sur environ un kilomètre. Je le suivais, enchanté, quand soudain, à la sortie d'un lacet, je tombai sur une équipe d'une centaine d'ouvriers. Ils étaient en train de mettre de l'ordre dans la vallée et de rendre le ruisseau un peu plus présentable. Toutes les pierres qui entravaient le mouvement des eaux avaient été soigneusement dégagées et transportées plus loin. On élevait des berges maçonnées des deux côtés. On arrachait ou on taillait les arbres qui surplombaient le lit du torrent, de même que les buissons et les rameaux de vigne vierge et autres plantes grimpantes. Un peu plus loin, là où le travail était déjà fini, je découvris ce qu'une vallée de montagne doit être du point de vue allemand. L'eau coulait désormais d'un mouvement large et majestueux, sur un lit sablonneux et aplani, entre deux murs au couronnement parfait et, tous les cent mètres, le courant dégringolait bien gentiment trois petites marches de bois. Sur chaque rive, on avait bien dégagé le sol pour y planter des peupliers à intervalle régulier. Chaque arbrisseau était protégé par un treillage d'osier et soutenu par une tige de fer. Le conseil municipal comptait bien « finir » cette vallée en deux années. Alors, sur tout son parcours, elle offrirait une promenadc parfaite pour un amateur de nature à l'allemande. Un banc tous les cinquante mètres. Un arrêté de police tous les cent. Un restaurant tous les cinq cents.

Et c'est partout la même chose. Du Memel au Rhin, on remet le pays en ordre. Prenons le Wehrtal. C'était la vallée la plus romantique de la Forêt-Noire. La dernière fois que je l'ai parcourue, je suis tombé sur un campement d'une centaine d'ouvriers italiens qui s'efforçaient de remettre dans le droit chemin la petite Wehr, maçonnant ses rives, faisant sauter les rochers et lui aménageant de petites marches de ciment pour qu'elle descende plus doucement et sans tapage.

En Allemagne, on ne badine pas avec la nature exubérante. On est enfin parvenu à ce qu'elle se conduise correctement, sans plus donner de mauvais exemples aux enfants. Ce n'est sûrement pas un poète allemand qui, en voyant une chute d'eau, se mettrait à la décrire en des vers pleins d'allitérations (comme Southey le fit, avec quelques inexactitudes d'ailleurs, de celle de Lodore) ; il courrait prévenir la police et... adieu la chute et ses rumeurs et son écume.

– Non mais, dites-moi, qu'est-ce que c'est que tout ce tintamarre, dirait, courroucée, la voix de l'autorité à la chute d'eau. On ne peut pas tolérer ce genre de comportement, vous savez ! Calmez-vous un peu. Où vous croyez-vous ?

Et le conseil municipal installerait des buses de zinc, des rigoles de bois et un escalier en colimaçon pour apprendre à cette chute à se modérer et à descendre en douceur et à la manière allemande.

C'est décidément un pays d'ordre, l'Allemagne !

Nous sommes arrivés à Dresde le mercredi soir et y avons séjourné jusqu'au dimanche.

Par certains côtés, Dresde est sans doute la ville la plus intéressante d'Allemagne. Mais je crois qu'il faudrait y vivre assez longtemps plutôt que simplement la visiter. Ses musées et ses galeries, ses palais et ses jardins, ses alentours riches d'histoire et de splendeurs ont de quoi vous enchanter tout un hiver, alors que si vous n'y passez qu'une petite semaine ils vous abrutissent. Dresde n'a pas le brio de Paris ou de Vienne, dont on se lasse si vite. Son charme est plus solidement germanique, plus durable. C'est La Mecque des musiciens. Vous pouvez y réserver une loge d'opéra pour seulement cinq shillings mais attention, vous y gagnerez, et à jamais, une aversion totale pour les représentations lyriques en Angleterre, en France ou en Amérique.

La chronique scandaleuse s'intéresse aujourd'hui encore à Auguste-le-Fort – « l'homme aux péchés » comme l'appelait Carlyle – qui a pourvu l'Europe, pour son dam, de plus de mille de ses rejetons. On peut encore visiter les châteaux où il enfermait ses maîtresses en disgrâce comme celle qui, s'obstinant dans l'espoir d'un sort meilleur, resta enfermée, dit-on, plus de quarante années, la pauvre femme !

On vous montre la pièce exiguë où elle se rongea les sangs et où elle finit par s'éteindre. Ses châteaux, marqués au sceau de l'infamie, sont éparpillés dans toute la région comme des ossements sur un champ de bataille. Et la plupart des histoires qu'on peut lire dans les guides à son sujet sont telles que les « jeunes gens » élevés en Allemagne ne devraient jamais les entendre. On voit son portrait, grandeur nature, dans le beau *Zwinger,* cette sorte d'arène qu'il fit construire pour les combats de fauves quand les gens furent lassés d'y assister sur la place du marché. Il était quelque peu bestial, avec les sourcils en broussaille, mais non dénué de culture et de goût comme il arrive souvent chez ces tempéraments de brutes. Il est certain que le Dresde d'aujourd'hui lui doit beaucoup.

Ce qui frappe le plus les étrangers, à Dresde, ce sont les tramways. Ces énormes véhicules foncent dans les rues à plus de trente kilomètres à l'heure et prennent leurs virages à la manière des conducteurs irlandais. Tout le monde les emprunte sauf les officiers en uniforme qui n'en ont pas le droit. Les femmes en robe du soir qui se rendent à l'Opéra ou à un bal élégant côtoyent les garçons livreurs avec leurs paquets. Ils sont tout-puissants dans la rue et bêtes et gens s'empressent de s'écarter de leur chemin. Si vous ne leur cédez pas la place et si vous êtes encore vivant lorsque l'on vient vous relever, on vous inflige une amende pour être resté sur leur passage. Ce qui vous apprend à leur prêter attention.

Un après-midi, Harris était allé faire un petit tour

seul. Le soir, alors que nous étions assis au Belvédère, en train d'écouter de la musique, sans raison apparente, il lança :

– Ces Allemands n'ont absolument pas le sens de l'humour.

– Qu'est-ce qui vous fait penser ça ? lui demandai-je.

– Tout à l'heure, répondit-il, j'ai sauté dans un de ces trams. Je voulais voir la ville et je suis resté sur la plate-forme, à l'extérieur, comment ça s'appelle déjà ?

– La *Stehplatz*.

– Oui. Bon, vous savez comment on est secoué là-dessus, et comment on a intérêt à faire sans cesse attention aux virages, aux arrêts et aux démarrages ?

Je lui fit signe que oui et il poursuivit :

– On était environ une demi-douzaine, campés là-dessus, et moi, je n'étais pas très rassuré. L'engin démarra si brusquement que je fus projeté en arrière et que je tombai sur un gros bonhomme. Il ne devait pas se tenir très fermement lui non plus car, à son tour, il s'écroula sur un jeune garçon qui transportait une trompette dans sa housse de serge verte. Personne ne rit. Ni le gros bonhomme, ni le gamin à la trompette. Ils se remirent seulement debout en faisant la tête. J'allais leur présenter mes excuses mais, avant que j'aie pu dire un mot, pour je ne sais plus quelle raison, le tram freina brusquement et, naturellement, je fus projeté vers l'avant où je buttai contre un vieux monsieur aux cheveux blancs qui avait l'air d'un professeur. Lui non plus ne sourit pas ; pas un seul muscle de son visage ne bougea.

– Il pensait peut-être à autre chose, suggérai-je.

– Lui, peut-être, mais pas tous, reprit Harris ; parce que, pendant ce voyage, je suis tombé au moins trois fois sur chacun d'eux. Vous comprenez, ils savaient, eux, quand un virage se présentait et dans quelle direction il fallait se pencher. Alors que moi, étranger, j'avais un handicap. La manière dont je tanguais et roulais sur cette plate-forme, en m'accrochant sauvagement à un type ou à un autre, devait être du plus haut comique. Je ne dis pas que c'était très, très raffiné mais enfin, tout le monde aurait dû au moins sourire. Les Allemands, eux, n'avaient pas l'air du tout de trouver ça comique. Ils semblaient seulement inquiets. Il y en avait un, tout petit, appuyé contre le frein ; je suis tombé sur lui au moins cinq fois. Vous pensez qu'à la cinquième il allait enfin éclater de rire ? Eh bien non. Il afficha simplement un air très las. Ce ne sont que des rabat-joie !

George eut lui aussi son aventure à Dresde. Près du Vieux-Marché, il y avait un magasin avec des coussins dans la vitrine. En fait, c'était un magasin de verrerie et de porcelaine et les coussins ne semblaient là qu'à titre d'expérience. C'étaient de très beaux coussins en satin et brodés à la main. Nous passions souvent devant la boutique et, chaque fois, George s'arrêtait pour les admirer. Il disait que sa tante serait sûrement ravie d'en avoir un. (Au cours de ce voyage, il s'est montré sans cesse plein d'attention envers sa tante. Il lui écrivait une longue lettre presque tous les jours et, à chaque étape, il lui envoyait un cadeau. A mon avis, et je le lui ai dit plus d'une fois, il en fait trop. Sa tante rencontrera, bien sûr, d'autres tantes, elle leur parlera et toute cette engeance en sera bouleversée et deviendra forcément plus exigeante. En tant que neveu j'essaie de toutes mes forces de m'opposer à cet état malheureux que George est en train de développer mais il ne veut rien entendre.) Un samedi, après le déjeuner, il nous quitta et alla faire un tour dans cette boutique afin d'acheter un coussin pour sa tante. Il nous assura qu'il ne serait pas long et nous demanda de l'attendre.

Nous l'attendîmes un moment qui me sembla interminable. Quand il revint, il avait l'air très préoccupé et les mains vides. Nous lui demandâmes où était son coussin. Il répondit qu'il n'en avait pas acheté ; qu'il avait changé d'idée ; qu'il pensait que sa tante n'avait rien à faire d'un coussin. Bien sûr, quelque chose clochait. Nous essayâmes de savoir le fin mot de l'histoire mais il ne se montra pas du tout communicatif. Je dirais même qu'à partir de notre vingtième question ses réponses devinrent carrément très sèches. L'après-midi, cependant, alors que nous nous trouvions seuls, lui et moi, il revint de lui-même sur le sujet :

– Ces Allemands sont quand même un peu bizarres par certains côtés.

– Que s'est-il passé ? lui répondis-je.

– C'est à propos de ce coussin que je voulais acheter.

– Pour votre tante ?

– Oui, pour ma tante ! et après ? (Tout de suite sur la défensive. Je n'ai jamais vu un homme aussi susceptible au sujet d'une tante.) Pourquoi je n'enverrais pas un coussin à ma tante ?

– Ne vous énervez pas. Je n'y vois aucune objection. Je respecte tout à fait vos idées là-dessus.

Il se calma et reprit :

– Il y en avait quatre dans la vitrine, si vous vous souvenez. Tous semblables. Chacun clairement étiqueté : vingt marks. Je n'ai pas la prétention de comprendre et de parler l'allemand couramment mais, pourvu qu'on ne mange pas ses mots, j'arrive à saisir ce que l'on veut me dire et, avec un petit effort, je parviens généralement à me faire comprendre... Je suis donc entré dans cette boutique et une jeune fille s'est aussitôt avancée vers moi ; elle était jolie, un peu attendrissante, un peu réservée, pourrait-on dire. Pas du tout le genre de fille qui vous permet d'imaginer, en la voyant, que vous allez entendre une chose pareille. Je n'ai jamais été aussi estomaqué de ma vie.

– Estomaqué par quoi ?

George s'imagine toujours que vous connaissez la fin de l'histoire qu'il est en train de vous raconter. C'est une manie insupportable.

– Mais... par ce qu'il m'est arrivé, reprit-il. Par ce que je suis en train de vous raconter. Bon. Elle m'a fait un sourire en me demandant ce que je voulais. J'ai très bien compris ça. Impossible de se tromper. J'ai posé une pièce de vingt marks sur le comptoir en disant : « S'il vous plaît, je voudrais un coussin. » Elle m'a regardé comme si je lui avais demandé un édredon. J'ai cru qu'elle n'avait pas bien entendu et j'ai réitéré ma demande plus distinctement. Si je l'avais chatouillée sous le menton elle n'aurait pas eu l'air plus étonnée, ni plus indignée. Elle répondit qu'elle pensait que je devais faire erreur. Comme je n'avais pas envie de me lancer dans de longs discours de peur de tomber en panne, je lui répondis simplement que je ne me trompais pas. Je lui montrai ma pièce de vingt marks et répétai pour la troisième fois que je voulais un coussin. « Un coussin à vingt marks. »

Là-dessus, une autre jeune fille fit son entrée, un peu plus âgée. La première lui répéta ce que je venais de dire. Elle avait l'air encore bouleversée, tandis que la seconde semblait incapable d'admettre que je fusse le genre de type à acheter des coussins. Pour en avoir le cœur net, elle me reposa la question.

– Vous dites que vous voulez un coussin ?

– Je l'ai même dit trois fois ! Et je vais le répéter encore : « Je voudrais un coussin. »

– Mais ce n'est pas possible !

Cette fois, je commençais à m'énerver. Si je n'avais pas été déterminé à acheter coûte que coûte ce coussin je serais sorti immédiatement. Mais, si les coussins étaient dans cette vitrine, c'était quand même bien pour être vendus ! Et je ne voyais pas *pourquoi* je ne pouvais en acheter un. J'insistai donc très fermement :

– J'en veux un.

A cet instant une troisième jeune fille entra. A elles trois, je me dis qu'elles devaient constituer la force de vente de la boutique au grand complet. La dernière était une petite enjouée aux yeux brillants et pleins de malice. En tout autre occasion, j'aurais eu beaucoup de plaisir à la rencontrer alors que là, sa venue ne fit que m'exaspérer davantage. Je ne voyais pas la nécessité de trois jeunes filles pour conclure cette petite affaire. Les deux premières se mirent à expliquer mon cas à la troisième qui, avant d'avoir entendu la moitié de l'histoire, se mit à s'esclaffer. Elle était sans doute de ces filles qui rient pour un rien. Elles se mirent alors à papoter entre elles comme des pipelettes et, tous les cinq ou six mots, elles me lançaient un coup d'œil. Plus elles me regardaient, plus la troisième riait et, soudain, ces trois idiotes partirent ensemble d'un incoercible éclat de rire. J'avais l'air d'un clown en train de donner une représentation privée. Quand elles furent suffisamment calmées pour réagir, la troisième vint vers moi ; encore hilare, elle me dit :

– Quand vous l'aurez eu, vous partirez ?

Comme je ne comprenais pas ce qu'elle voulait dire, elle répéta :

– Ce coussin, quand vous l'aurez eu, vous partirez tout de suite ?

Je ne demandais que ça. Je le lui dis. Mais j'ajoutai que je ne partirais pas sans lui. Je m'étais mis dans le crâne que je voulais ce coussin et j'étais capable de passer toute la nuit dans la boutique s'il le fallait.

Elle alla rejoindre les autres. Je pensais qu'elles allaient me donner ce coussin et qu'on allait en finir. Au lieu de ça, ce qui arriva me semble encore la chose la plus extravagante qui soit. Les deux jeunes filles se rangèrent derrière la troisième et, toujours riant – Dieu seul sait pourquoi –, elles la poussèrent contre moi, tout contre moi et, avant que je comprenne ce qu'il m'arrivait, elle mit les mains sur mes épaules, se haussa sur la pointe des pieds et me donna un baiser. Puis, se cachant le visage dans son tablier, elle s'enfuit en courant suivie par la seconde. La première, alors, ouvrit la porte de la boutique dans l'espoir tellement évident de me voir partir que, dans ma confusion, j'oubliai ma pièce de vingt marks. Je ne regrette pas ce baiser, bien sûr, encore que je ne le désirais pas non plus et que je voulais un coussin ! Je n'ai pas envie de retourner là-bas. Je n'y comprends absolument rien.

– Qu'est-ce que vous avez demandé exactement ?

– Mais un coussin !

– Non, ça c'est ce que vous vouliez, et je le sais. Ce que je vous demande, c'est le mot allemand que vous avez employé.

– Un *Kuss*.

– Alors ne vous plaignez pas. On peut faire en effet la confusion. Un *Kuss* semble signifier un coussin mais il n'en est rien. Ça veut dire un baiser. Un coussin c'est un *Kissen*. Vous avez confondu les deux mots. D'autres l'ont fait avant vous. Je ne suis pas grand clerc en la matière, mais vous avez demandé un baiser de vingt marks et, d'après la description que vous avez faite de la jeune fille, il est permis de penser que c'était tout à fait raisonnable comme prix. En tout cas, je n'en dirai rien à Harris car, si mes souvenirs sont exacts, il a lui aussi une tante.

Et George fut d'accord avec moi qu'il valait mieux ne rien dire à Harris.

CHAPITRE VIII

Milord *et* Miss *Jones, de Manchester. Les bienfaits du cacao. Un conseil à la Société pour la Paix. La fenêtre comme argument au Moyen Age. Divertissements préférés des chrétiens. Discours du guide. Comment réparer les outrages du temps. George tâte d'une bouteille. Le sort du buveur de bière allemande. Harris et moi décidons de faire une bonne action. La statue modèle courant. Harris et ses amis. Un paradis sans poivre. Femmes et villes.*

Nous partions pour Prague et nous étions dans le grand hall de la gare de Dresde, attendant que les tout-puissants employés nous autorisent à passer sur le quai. George, qui était allé jusqu'au kiosque à journaux, revint vers nous, une lueur sauvage dans les yeux.

– Ça y est ! Je l'ai vu !

– Quoi ? demandai-je.

Il était trop excité pour répondre intelligemment. Il dit :

– Là, là ! Ils arrivent ! Tous les deux ! Attendez un peu, vous allez voir ça. Je ne plaisante pas. Vrai de vrai !

Comme d'habitude à cette période, on avait pu lire

dans les journaux quelques lignes sur le fameux serpent de mer et je pensais qu'il y faisait allusion, bien qu'après un instant de réflexion je me dis qu'à deux cents kilomètres de la côte, au milieu de l'Europe, une telle apparition était improbable. Mais, avant que j'aie eu le temps de lui poser d'autres questions, il me prit par le bras :

– Regardez ! Et dites-moi si j'exagère.

Je me retournai et vis ce que peu d'Anglais, j'en suis sûr, ont pu voir dans leur vie. Le touriste britannique, dans sa perfection et tel que l'imagine l'homme du continent, accompagné de sa fille. Ils venaient vers nous, bien vivants, en chair et en os si j'ose dire – à moins qu'il ne fussent qu'un rêve. C'était le *Milord* et la *Miss* anglais tels que la presse comique et le théâtre, sur le continent, se plaisent depuis toujours à les caricaturer : parfaits jusque dans les moindres détails. Lui était grand et mince, les cheveux couleur de sable, avec un nez proéminent et de longs favoris. Sur son costume poivre-et-sel, il portait un long manteau clair qui lui tombait presque sur les talons. Il avait un casque blanc à voilette verte, une paire de jumelles en bandoulière et des gants bleu-lavande. Il tenait un alpenstock plus grand que lui. Sa fille était longue et tout en angles. Quant à son costume, je ne me sens pas capable de le décrire. Sans doute feu mon grand-père y serait arrivé, étant certainement familier de cette mode. Ce que je peux dire, c'est qu'elle semblait ridiculement court-vêtue, exhibant une paire de chevilles – si j'ose mentionner ce détail – qui, du point de vue esthétique, aurait plutôt demandé à être dissimulée. Je ne sais pas pourquoi mais son chapeau me faisait penser à l'armée du Salut. Elle portait ces bottines lacées sur le côté qu'on appelle « prunelles », il me semble, dans le commerce, des mitaines et un pince-nez. Elle aussi avait un alpenstock (notez qu'il n'y a pas la plus petite montagne à moins de cent cinquante kilomètres de Dresde) et un sac noir attaché à la taille. Ses dents lui sortaient de la bouche comme celles d'un lapin. En un mot, on aurait dit un traversin sur des échasses.

Harris se précipita pour prendre son appareil photo qu'il ne trouva pas, bien sûr, comme chaque fois qu'il en a besoin. Quand on voit Harris farfouiller ici et là comme un chien perdu en criant : « Où est mon appareil ? », « Où diable ai-je fourré cet appareil ? », « Est-ce que quelqu'un sait où j'ai bien pu laisser mon appareil photo ? », nous comprenons que c'est la première fois de la journée qu'il vient d'apercevoir quelque chose digne d'une photo. Un peu plus tard il se souvient qu'il l'a mis dans son sac. En cette occurrence, c'est bien là qu'il était.

Milord et sa *Miss* ne se contentèrent pas seulement de figuration. On peut dire qu'ils jouèrent leur rôle jusqu'au bout. A chaque pas, ils regardaient autour d'eux, lui son *Baedeker* ouvert dans les mains, elle avec un lexique. Ils parlaient un français que personne ne comprenait et, parfois, un allemand qu'ils n'auraient certainement pas pu traduire eux-mêmes.

L'homme tapotait les employés du bout de son alpenstock pour attirer leur attention, tandis que sa fille, à la vue d'une affiche vantant les mérites du chocolat Machin, détournait pudiquement les yeux et se sauvait en s'exclamant : *« Shocking ! »*

On peut l'excuser. On remarquera que, même en Angleterre, bastion des convenances, une femme qui boit du chocolat, comme le montrait l'affiche en question, n'a presque besoin de rien d'autre ici-bas : un mètre et demi de mousseline bien drapée lui suffit. Sur le continent, autant qu'on en peut juger, elle est carrément à l'abri de tout besoin matériel. Non seulement le chocolat la nourrit et la désaltère mais encore, selon la réclame, il l'habille. Mais revenons à nos touristes.

Ils devinrent naturellement le point de mire de tout le monde. Grâce à un petit service que je leur rendis, j'eus la chance de pouvoir m'entretenir quelques minutes avec eux. Ils étaient très aimables. Le gentleman me dit s'appeler Jones. Il venait de Manchester mais il ne savait pas dans quel quartier de cette ville il habitait ni, d'ailleurs, où se trouvait Manchester. Je lui demandai où ils allaient mais il n'en avait pas la moindre idée : ça dépendait. Quand je lui demandai s'il ne trouvait pas qu'un alpenstock était un peu encombrant dans la cohue d'une grande ville, il convint qu'en effet, par moment, c'était plutôt gênant. Est-ce que la voilette ne lui troublait pas la vue ? Non, car il ne la baissait que lorsque les mouches l'incommodaient. La *Miss* ne trouvait-elle pas le vent un peu froid ? Si, et spécialement aux coins des rues. Bien sûr je ne posai pas toutes ces questions les unes à la suite des autres, comme je le relate ici, mais je les mêlai à la conversation générale. Nous nous séparâmes bons amis.

Depuis, j'ai beaucoup réfléchi à cette apparition et je me suis fait une opinion très précise. Un homme, que je rencontrai par la suite à Francfort, et à qui je fis une description du couple, m'affirma les avoir rencontrés à Paris trois semaines après l'affaire de Fachoda. Un voyageur de commerce de je ne sais plus quelle aciérie anglaise, rencontré à Strasbourg, lui, se souvenait les avoir vus à Berlin au moment de la fièvre provoquée par la question du Transvaal. J'en conclus qu'ils devaient être des acteurs au chômage, engagés dans l'intérêt de la paix internationale. Le ministère français des Affaires étrangères, désireux de calmer la fureur des Parisiens qui réclamaient la guerre avec l'Angleterre, s'était procuré ce couple admirable pour le faire circuler dans la capitale. Comme il est impossible à la fois de rire d'une chose et de vouloir sa mort, les Français, en voyant cette citoyenne et ce citoyen britanniques – pas en caricature mais bien en chair et en os – passèrent de l'indignation au fou rire. Le succès de ce stratagème fit que nos héros se tournèrent promptement vers le gouvernement allemand pour proposer leurs services avec l'heureux résultat que l'on sait.

Notre gouvernement devrait lui aussi en prendre de la graine. On pourrait très bien tenir à la disposition de Downing Street un groupe de petits Français rondouillards et les envoyer un peu partout dans le pays, là où la situation le demanderait, avec pour seule mission de hausser les épaules et de manger des sandwichs aux grenouilles. Ou encore, on pourrait réquisitionner une bande d'Allemands débraillés aux cheveux en bataille, et les faire circuler, fumant leur longue pipe et répétant *« So »* à tout propos. Les gens se tordraient et diraient : « La guerre avec ces gens-là ? vous voulez rire, ce serait trop absurde ! » Au cas où notre gouvernement ne retiendrait pas ma proposition, j'en recommanderai le principe à la Société pour la Paix.

Nous fûmes contraints de prolonger un peu notre séjour à Prague. C'est une des villes les plus intéressantes d'Europe. Ici, les pierres même regorgent d'Histoire et de romantisme. Tous les alentours sont d'anciens champs de bataille. C'est là que la Réforme est née. C'est ici que la guerre de Trente Ans fut ourdie. Mais la moitié des épreuves que cette ville a connues lui aurait été épargnée si les fenêtres y avaient été moins grandes et moins tentantes. La première de ces catastrophes commença par la défenestration des sept conseillers catholiques de l'Hôtel de Ville sur les piques des Hussites. Un peu plus tard, on donna le signal de la deuxième catastrophe en précipitant par la fenêtre les conseillers impériaux du vieux château du Hradschin (deuxième Défenestration de Prague). Depuis, on a réussi à résoudre, à Prague, des questions d'importance. Mais l'issue non violente de ces discussions autorise à penser qu'elles eurent lieu dans des caves. On sent très bien que, pour un vrai Praguois, la fenêtre a toujours été un argument de poids.

Dans la Teynkirche, on peut voir la chaire vermoulue où Jean Huss a prêché. Aujourd'hui, c'est la voix d'un papiste qui choit de cette même place, tandis que, loin d'ici, à Constance, une pierre grossière, à moitié mangée par le lierre, indique l'endroit où Huss et Jérôme furent brûlés vifs. L'Histoire est friande de ces petites ironies du sort. C'est également dans cette église qu'est enterré Tycho Brahe, l'astronome qui commit l'erreur classique de penser que la Terre, avec ses onze cents croyances de toutes sortes pour une seule humanité, était le centre de l'univers ; ce qui ne l'empêcha pas de faire, par ailleurs, de pénétrantes observations sur les étoiles.

On devait souvent voir passer, en grande hâte, dans les rues sales du vieux Prague, entre les palais, Ziska-l'aveugle et Wallenstein-le-subtil, que les Praguois avaient surnommé « le Héros » et qu'ils sont encore très fiers d'avoir eu pour concitoyen. Dans son palais lugubre de la place Waldstein, on montre aujourd'hui, comme un endroit sacré, la chambre où il priait et où il finit par convaincre les Praguois qu'il avait quand même une âme. Les ruelles escarpées et tortueuses de la ville ont dû bien souvent retentir des clameurs des légions de Sigismons, aussitôt suivies par les féroces et sanguinaires Tarborites. Puis vinrent les protestants à la longue figure, eux-mêmes poursuivis et vaincus par les catholiques de Maximilien. Tantôt les Saxons, tantôt les Bavarois, tantôt les Français. Tantôt les saints de Gustave-Adolphe, tantôt les machines-à-combattre de Frédéric le Grand. Tous ont forcé les portes de Prague. Tous ont combattu sur ses ponts.

De tout temps les juifs ont donné à cette cité un cachet particulier. Ils ont même parfois prêté main-forte aux chrétiens dans leur divertissement préféré qui est de s'entremassacrer. La grande oriflamme qu'on peut voir sous la voûte de l'Altneuschule témoigne du courage avec lequel ils vinrent en renfort à Ferdinand le Catholique dans sa lutte contre les protestants suédois. Le ghetto de Prague fut un des tout premiers d'Europe. Pendant huit siècles, les juifs de Prague ont prié dans cette modeste synagogue, encore debout aujourd'hui, pendant que leurs femmes, de l'extérieur, suivaient dévôtement les prières, l'oreille collée à des trous aménagés dans l'épaisseur des murs. A côté, le cimetière juif de Betchajim (la Maison de la vie) semble regorger de trépassés. Là, pendant des siècles, dans ces quelques arpents de terre, on a, selon la loi, enterré les os d'Israël. Aussi les tombes rongées, brisées, s'entassent pêle-mêle dans un enchevêtrement inextricable ; on les dirait renversées et saccagées par les luttes de leurs occupants souterrains.

Les murs du ghetto ont été rasés depuis longtemps mais les juifs de Prague sont encore attachés à ces ruelles vétustes qu'on est d'ailleurs en train de remplacer par de belles artères qui feront bientôt de ce quartier un des plus beaux de la ville.

A Dresde, on nous avait prévenus de ne jamais parler allemand à Prague. La haine raciale entre la minorité allemande et la majorité tchèque sévit depuis toujours en Bohême. Dans certaines rues de Prague, si vous n'êtes pas confiant en vos qualités de coureur, ça peut vous coûter très cher d'être pris pour un Allemand. Cependant, il nous est arrivé quand même d'oser parler allemand dans certaines rues. C'était mieux que de se taire. Le dialecte tchèque remonte, paraît-il, à la plus haute antiquité et reste l'apanage des gens de haute culture. Son alphabet se compose de quarante-deux lettres qui ressemblent, pour un étranger, aux idéogrammes chinois. Comme il est impossible de l'assimiler à la va-vite, nous étions convaincus que nous courions moins de risque en nous en tenant à l'allemand et je dois reconnaître que jamais rien de fâcheux ne nous arriva. Si je peux tenter une explication, je dirais que les Praguois sont des gens subtils et qu'un imperceptible défaut dans l'accent, quelques fautes de grammaire, même insignifiantes, s'étant certainement glissés dans notre allemand, ils en conclurent que, contrairement aux apparences, nous n'étions pas des Allemands d'Allemagne. Je n'affirme rien, j'avance seulement cette hypothèse.

Cependant, pour éviter tout danger inutile, nous visitâmes la ville accompagnés par un guide. Je n'ai jamais rencontré de guide parfait. Celui-ci avait deux défauts très nets. D'abord, son anglais était décidément trop indigent. En fait, on pourrait dire que ce n'était même pas de l'anglais. Je ne sais comment on pourrait appeler ce jargon. Ce n'était d'ailleurs pas tout à fait de sa faute : il l'avait appris avec une Écossaise. Je comprends relativement bien l'écossais – indispensable aujourd'hui pour être au courant de la littérature anglaise moderne – mais pas au point d'entendre un sabir mâtiné d'écossais, avec un accent slave, et relevé par-ci par-là de germanismes. Pendant la première heure, on eut du mal à se convaincre que cet homme n'était pas en train d'étouffer. Nous avions peur qu'il trépasse entre nos mains à tout moment. Peu à peu, au cours de la matinée, nous arrivâmes à nous habituer à lui et même à nous défaire de l'envie de le coucher sur le dos et de le déshabiller chaque fois qu'il ouvrait la bouche. Un peu plus tard, enfin, nous pûmes saisir quelques bribes de ce qu'il disait, ce qui nous permit de découvrir son second défaut.

Il venait d'inventer, paraît-il, une lotion pour faire repousser les cheveux et avait réussi à convaincre un pharmacien de la ville de la vendre et de la promouvoir. Il passa donc la moitié du temps non pas à nous montrer les beautés de Prague mais à nous vanter les avantages supposés de sa mixture sur l'humanité tout entière. Aussi, les approbations de circonstance que nous lui prodiguions – convaincus qu'il nous parlait avec fougue et enthousiasme du panorama et des monuments – il les attribuait à un intérêt bienveillant pour sa lotion de pacotille.

Résultat, on ne put jamais le faire changer de sujet. Il expédiait palais en ruines et églises en péril en quelques mots, comme autant de babioles tout juste bonnes à satisfaire les goûts morbides d'un décadent. Il était persuadé – et il nous l'avoua – que son devoir n'était pas de nous mettre sans cesse sous les yeux les outrages du temps mais bien plutôt d'attirer notre attention sur le moyen de les réparer. Qu'avait-on à faire de héros à la tête brisée ou de saints sans un poil sur le crâne ? Notre intérêt était plus sûrement du côté des vivants. Du côté des servantes aux nattes interminables – grâce au « Kophkeo », sa lotion –, du côté des garçons à la moustache luisante et fière – grâce au « Kophkeo » – ainsi qu'on les pouvait voir sur l'étiquette de son produit.

Inconsciemment, il avait divisé le monde en deux parties. Le Passé, « avant usage » : un monde maussade et malsain, maladif. L'Avenir, « après usage » : un monde de plénitude, rieur et béni des dieux. Tout ça ne l'amenait pas, évidemment, à se montrer le guide idéal pour un petit tour dans l'histoire médiévale !

Il nous fit porter à chacun une bouteille de son produit à l'hôtel, nous assurant qu'au tout début de notre conversation nous le lui avions demandé avec insistance. Personnellement je ne ferai ni l'éloge ni le procès de cette lotion. Une assez longue série de déboires m'a découragé pour toujours dans l'utilisation de ce genre de produit. Sans parler de cette odeur permanente de paraffine qui, même légère, ne peut que vous attirer des réflexions désagréables (et plus encore si vous êtes marié). Je n'y touche donc jamais ; même pas à un échantillon.

Je donnai mon flacon à George. Il me l'avait demandé pour l'expédier, soi-disant, à quelqu'un de ses amis, à Leeds. Plus tard, j'appris que Harris lui avait également remis le sien, et pour le même destinataire !

A partir de Prague, un imperceptible effluve d'oignon s'accrocha à nous, George lui-même en fit la remarque mais il l'attribua à l'omniprésence de l'ail dans la cuisine européenne.

A Prague nous eûmes, Harris et moi, le plaisir de jouer un bon tour, un tour amical, à George. Nous avions remarqué qu'il prenait de plus en plus goût à la « Pilsen ». Cette bière allemande est traîtresse, surtout quand il fait chaud. Il ne faut pas en boire trop. Non qu'elle vous monte à la tête mais, au bout d'un moment, elle alourdit votre taille. Quand je vais en Allemagne, je me dis toujours : « Bon, cette fois, je ne boirai pas de bière. Un peu de vin blanc du pays avec un peu d'eau, de temps en temps un verre d'eau de Seltz, mais de bière, jamais ou alors... exceptionnellement. » C'est une résolution utile et sage que je recommande à tous les voyageurs. J'aimerais seulement être capable de m'y plier. George, lui, malgré mes supplications, n'avait pas envie de se limiter aussi durement. Il pensait qu'en se modérant un peu la bière n'est pas si mauvaise.

– Un verre le matin, un le soir, deux à la rigueur, ça ne peut pas faire de mal.

Il avait sans doute raison.

Mais quand il en arriva à six ou sept verres, Harris et moi commençâmes à nous inquiéter.

– Il paraît que c'est héréditaire, dis-je ; que dans sa famille on a toujours eu soif.

– Il devrait essayer l'eau Apollinaris, répondit Harris. On dit qu'avec un jus de citron c'est assez efficace. Car, ce qui est inquiétant, c'est sa silhouette ; s'il continue, il va perdre son élégance naturelle.

On échangea quelques propos et réflexions sur le sujet et c'est la Providence qui nous fournit un plan.

On venait de fondre une statue pour l'ornement de la ville. Une statue de qui ? je ne sais plus. Je me souviens seulement que c'était une statue classique telle qu'on peut en voir dans beaucoup de rues : l'effigie du bonhomme classique, avec la raideur de nuque classique, chevauchant un cheval classique – dressé classiquement sur ses postérieurs et qu'on aurait dit battant la mesure de ses antérieurs. En y regardant de plus près, cependant, le groupe était pour une fois assez original. A la place de l'épée ou de la lance, l'homme tenait à bout de bras un chapeau à plumet. Quant au cheval, au lieu d'une queue en cascade, il arborait une sorte d'appendice tronqué qui ne collait pas du tout avec son élan fougueux. Il était impossible d'imaginer qu'un cheval affublé d'une queue pareille pût caracoler et se cabrer de la sorte.

On l'avait provisoirement installé sur une petite place, pas très loin du pont de Karls. Avant de fixer sa place définitive, la municipalité avait décidé, fort judicieusement, de voir à quel endroit la statue ferait le plus bel effet. On avait donc réalisé trois copies sommaires de l'ensemble – en fait, de simples silhouettes de bois qu'il ne fallait pas, bien sûr, regarder de trop près mais qui, vues à distance raisonnable, pouvaient faire illusion. Une de ces copies avait été installée aux abords du pont François-Joseph, la deuxième sur l'esplanade derrière le théâtre et la troisième au centre de la Wenzelsplatz.

– Si jamais George n'est pas au courant, dit Harris (nous nous promenions tous les deux depuis une heure tandis que George était resté à l'hôtel pour écrire une lettre à sa tante), s'il n'a pas encore remarqué ces statues, je crois qu'avec leur aide, et dès ce soir, nous allons le guérir de sa soif et lui faire retrouver sa ligne.

Pendant le dîner, nous tâtâmes le terrain délicatement et, voyant qu'il ignorait tout, nous allâmes nous promener, en faisant des détours, jusqu'à la place où se trouvait la vraie statue. George lui donna un bref coup d'œil ; celui qu'on jette généralement à toutes les statues qu'on rencontre. Comme il s'apprêtait à poursuivre son chemin, nous nous arrangeâmes pour qu'il la regarde de plus près et dans tous ses détails. Nous fîmes quatre fois le tour du monument, le lui montrant sous tous les angles. Il avait l'air agacé par notre insistance mais nous voulions qu'il garde une impression très nette de ce groupe. Nous lui racontâmes l'histoire du cavalier, le nom de l'artiste qui avait sculpté cette œuvre, combien elle pesait, combien elle mesurait. Bref, nous fîmes entrer la statue dans sa tête et, vu le temps que nous passâmes autour, je crois qu'il n'y avait plus rien au monde qu'il connût mieux qu'elle. Nous l'imprégnâmes de cette statue pour ne le lâcher qu'à condition qu'il revienne avec nous le lendemain pour la mieux voir. Nous lui demandâmes enfin de noter sur son calepin l'emplacement exact où elle se trouvait.

Nous l'avons ensuite accompagné dans sa brasserie préférée et, assis à ses côtés, nous lui avons raconté des histoires de gens qui, peu familiers de la bière allemande, en avaient trop bu et étaient devenus fous – certains même fous furieux. D'autres étaient morts dans la fleur de l'âge. D'autres encore, à cause de la bière allemande, avaient perdu à jamais leur grand amour.

A vingt-deux heures, nous décidâmes de rentrer à l'hôtel en flânant. La nuit était épaisse, de gros nuages voilaient parfois la lune. Harris proposa :

– Ne rentrons pas par le même chemin. Passons par la rivière, c'est délicieux au clair de lune.

Chemin faisant, Harris raconta la triste histoire d'un homme qu'il avait connu autrefois et qui était enfermé, aujourd'hui, dans un asile d'aliénés. Cette histoire lui revenait en mémoire parce que, la dernière fois qu'il avait vu son pauvre ami, il marchait à ses côtés par une nuit semblable à celle-ci. Ils descendaient tranquillement les quais de la Tamise, continua Harris, quand soudain l'homme l'effraya en affirmant qu'il voyait, au coin du pont de Westminster, la statue du duc de Wellington qui, comme chacun sait, se trouve à Piccadilly.

Exactement au même instant, nous arrivâmes devant la première des copies de notre statue. Elle occupait le centre d'un petit jardin entouré de grilles, légèrement au-dessus de nous, de l'autre côté de la rue. George se figea soudain en s'adossant au mur du quai.

– Qu'est-ce qu'il y a, vous ne vous sentez pas bien ?

– Non, pas trop. Arrêtons-nous un moment.

Il était cloué sur place, les yeux rivés à la chose. D'une voix un peu haletante il dit :

– A propos de statues, ce qui me frappe toujours c'est qu'elles se ressemblent toutes.

– Je ne suis pas de votre avis, répliqua Harris. Les tableaux, oui. Certains tableaux sont absolument les répliques d'autres tableaux. Avec les statues, non, il y a toujours un détail qui les distingue. Prenez celle que nous avons vue au début de la soirée, avant d'aller à la brasserie. Vous vous souvenez, elle représentait un homme sur un cheval. Il y a bien d'autres statues équestres à Prague, mais pas une ne ressemble à celle-là.

– Mais si, dit George ; ce sont toutes les mêmes. Toujours le même cheval, le même cavalier. Elles sont toutes exactement pareilles. C'est idiot de dire qu'elles sont différentes.

Il semblait presque prendre Harris en grippe.

– Qu'est-ce qui vous fait penser ça ? demandai-je.

– Qu'est-ce qui me fait penser ça ? dit George en se tournant vers moi ; eh bien, regardez donc ce satané truc, là, devant nous !

– Quel satané truc ?

– Mais ça, répondit George. Regardez-moi ça ! C'est le même cheval avec sa moitié de queue, dressé sur ses pattes, et le même bonhomme sans chapeau ; le même...

– Vous voulez parler de la statue qu'on a vue tout à l'heure sur la Ringplatz ? demanda Harris.

– Eh non ! Je parle de cette statue, là, devant nous !

– Quelle statue ? demanda Harris.

George regarda Harris. (Harris est un homme qui, avec un peu d'entraînement, aurait pu devenir un excellent comédien.) Il avait l'air amical mais triste et un peu anxieux. Alors George tourna les yeux vers moi. Je m'efforçai, autant que faire se peut, de montrer la même expression que Harris mais en y ajoutant une nuance de reproche.

– Voulez-vous qu'on appelle un fiacre ? dis-je aussi tendrement que je le pus. Je vais aller en chercher un.

– Que diable ai-je à faire d'un fiacre ? répondit George méchamment. On dirait que vous ne comprenez plus la plaisanterie. J'ai l'impression d'être avec deux vieilles barbes de bonnes femmes.

Et, ce disant, il nous laissa sur place et s'engagea sur le pont.

– Je suis content de voir que vous nous faisiez marcher, dit Harris quand nous l'eûmes rattrapé. J'ai connu un cas de ramollissement du cerveau qui commençait...

– Vous n'êtes qu'un sale crétin ! coupa George brutalement. Vous êtes toujours au courant de tout.

Il devenait très désagréable.

Nous prîmes par le bord de l'eau pour aller vers le théâtre, en lui disant que c'était le chemin le plus court. Ce qui était la vérité. Sur l'esplanade, derrière le bâtiment, se dressait la deuxième silhouette. George la vit et s'arrêta de nouveau stupéfait.

– Qu'est-ce qu'il y a ? demanda Harris. Vous n'êtes pas malade au moins ?

– Je ne pense pas que ce soit le plus court chemin.

– Je vous assure que si, dit Harris.

– Bon, mais je vais en prendre un autre, dit George.

Et il fit demi-tour. Et nous, comme la première fois, nous lui emboîtâmes le pas.

Sur la Ferdinand Strasse, Harris et moi nous parlâmes des asiles privés qui, selon Harris, ne sont pas très bien tenus en Angleterre. Il évoquait le cas d'un de ses amis, soigné dans un asile... George l'interrompit brutalement :

– On dirait que vous avez beaucoup d'amis dans les asiles.

Le tout dit sur un ton persifleur, comme s'il voulait insinuer que c'était bien là qu'il fallait chercher les amis de Harris. Mais Harris resta de marbre et répondit gentiment :

– Il est vrai que, quand on y pense, c'est insensé le nombre de gens qui ont fini comme ça à plus ou moins brève échéance ! Ça m'inquiète même, par moment.

Au coin de la Wenzelsplatz, Harris, qui marchait devant nous, s'arrêta :

– Belle avenue, hein ? dit-il en mettant les mains dans ses poches et faisant mine de s'émerveiller.

George et moi le rejoignîmes. Au beau milieu de la place, à environ deux cents mètres de nous, se dressait la troisième des effigies de bois. Je crois que c'était la mieux réussie – la plus ressemblante, la plus trompeuse. Elle se découpait avec netteté sur le ciel orageux : le cheval cabré, avec sa queue curieusement tronquée, et le cavalier nu-tête pointant son chapeau à plumes vers la lune découverte.

– Si vous n'y voyez pas d'inconvénient, dit George d'un ton cette fois pathétique et plus du tout agressif, je vais prendre un fiacre, si on en trouve un...

– Je me disais aussi que vous aviez l'air bizarre, dit Harris gentiment. C'est la tête, hein ?

– Peut-être, répondit George.

– Je m'en étais rendu compte, dit Harris, mais je n'osais pas vous le faire remarquer. Vous avez l'impression d'avoir des visions, hein ?

– Non, non, ce n'est pas ça, répondit George vivement ; je ne sais pas ce qu'il m'arrive.

– Moi je le sais, répondit Harris avec solennité. Et je vais vous le dire. C'est à cause de toutes ces bières que vous buvez. J'ai connu un type qui...

– Ne me parlez pas de votre type maintenant, dit George. C'est sûrement une histoire vraie mais je ne pense pas être en mesure de l'entendre en ce moment.

– Vous n'êtes pas habitué à cette bière, dit Harris.

– J'y renonce dès ce soir, dit George. Vous avez sans doute raison. Elle ne me réussit pas.

Nous le ramenâmes à l'hôtel et l'accompagnâmes jusqu'à son lit. Il était gentil comme tout et plein de reconnaissance.

A quelque temps de là, un soir, au retour d'une longue excursion suivie d'un très bon dîner, après lui avoir offert un gros cigare, et placé hors de sa portée tous les objets contondants du salon, nous lui avouâmes le stratagème que nous avions ourdi pour son bien.

– Combien dites-vous que nous avons vu de copies ? demanda George à la fin de nos explications.

– Trois, répondit Harris.

– Trois seulement ?

– Oui, pas une de plus ; pourquoi ?

– Rien ; pour rien, répondit George.

Mais je ne suis pas certain qu'il ait cru Harris.

Nous nous rendîmes de Prague à Nuremberg en passant par Carlsbad. On raconte que les bons Allemands, quand ils meurent, vont à Carlsbad ; comme les bons Américains vont à Paris. Mais j'en doute en voyant combien la ville est petite. Comment pourrait-elle accueillir une telle foule ? Ici, on se lève à cinq heures du matin. C'est l'heure chic pour la promenade ; l'orchestre joue sous la colonnade, le Sprudel s'emplit d'une foule nombreuse qui déambule, sur près d'un kilomètre, de six à huit heures du matin. On y entend parler plus de langues qu'on en entendit jamais sur la tour de Babel. Par dizaines, vous y rencontrez des juifs polonais, des princes russes, des mandarins chinois, des pachas turcs ; des Norvégiens qui semblent sortis d'une pièce d'Ibsen et des femmes des boulevards ; des grands d'Espagne et des comtesses anglaises ; des montagnards du Monténégro et des millionnaires de Chicago.

A Carlsbad, on trouve tous les produits de luxe du monde sauf le poivre. Vous n'en trouverez pas un seul grain à moins de dix kilomètres à la ronde (ou alors le peu que vous pourrez en tirer de la gentillesse des habitants ne vaut pas le déplacement). Pour la brigade des hépatiques, qui constitue les quatre cinquièmes des visiteurs de Carlsbad, le poivre est un véritable poison. Et comme il vaut mieux prévenir que guérir, on en a soigneusement fait disparaître la moindre trace dans tous les environs. De temps en temps, on organise, hors de la ville, des excursions qui sont des sortes de « fêtes du Poivre » et qui dégénèrent bien souvent en orgie de poivre.

Nuremberg déçoit beaucoup si l'on s'attend à trouver une ville d'allure médiévale. On y trouve certes des places typiques, des perspectives pittoresques, mais presque toujours enfouies ou cernées par des immeubles modernes. Même l'ancien n'y est pas aussi ancien qu'on l'imagine. Après tout, une ville, c'est une femme : elle a l'âge qu'on lui donne, et Nuremberg est encore bien en chair. On serait vraiment en peine de deviner son âge exact sous les maquillages et les fards, dans le flou des éclairages. En y regardant de plus près, cependant, on parvient à déceler ses murs effondrés et ses tours grises.

CHAPITRE IX

Harris enfreint la loi. L'homme serviable et les dangers qui le menacent. George embrasse une carrière criminelle. Ceux pour qui l'Allemagne semble une aubaine et une bénédiction. Le délinquant anglais : ses déceptions. Le délinquant allemand : ses privilèges exceptionnels. Ce que vous ne devez pas faire avec votre lit. Un vice bon marché. Le chien allemand : sa bonté naturelle. L'inconduite des insectes. Un peuple qui suit le chemin qu'il doit suivre. Le petit garçon allemand : son amour de la légalité. Comment devenir hors-la-loi avec un landau. L'étudiant allemand et le châtiment de ses débordements.

Entre Nuremberg et la Forêt-Noire, nous eûmes tous les trois quelques ennuis mais pour des raisons différentes.

C'est Harris qui fut le premier. A Stuttgart. En insultant un gardien de square. Stuttgart est une ville charmante, propre et riante ; une sorte de Dresde en plus petit. Son charme particulier vient de sa taille. Tout ce qui y est digne d'intérêt n'oblige jamais à se détourner beaucoup de son chemin. En réalité, il n'y a pas grand-chose à voir. Une galerie de tableaux moyenne, un petit musée d'antiquités, un demi-palais, et vous avez tout vu. Vous pouvez aller vous distraire.

Harris ne comprit pas tout de suite que c'était un gardien de square qu'il insultait. Il l'avait pris pour un pompier. (On aurait dit effectivement un pompier.) Il le traita de *dummer Esel* (âne bâté).

En Allemagne, il est interdit de traiter un gardien de square d'âne bâté. Et pourtant, celui-ci en était un, indubitablement. Voici ce qu'il s'était passé : au jardin public, Harris, voulant sortir et avisant une porte ouverte devant lui, enjamba un petit grillage et se retrouva dans la rue. Il affirma par la suite qu'il n'avait pas vu l'écriteau, sur le grillage (mais il y en avait bien un), où était écrit : *Durchgang verboten !* (Passage interdit). Le gardien, qui se tenait, lui, près de la porte, arrêta Harris en lui montrant l'écriteau. Harris le remercia et continua son chemin. L'homme s'élança alors à sa poursuite et lui expliqua que, en l'occurrence, on ne pouvait se permettre autant de désinvolture. Pour que les choses soient en ordre, il voulait que Harris revienne sur ses pas, enjambe à nouveau le grillage pour rentrer dans le jardin. Harris lui fit alors remarquer que l'écriteau défendait expressément le passage et que, s'il entrait par là, il enfreindrait la loi une seconde fois. L'homme en convint et, pour aplanir cette difficulté, il demanda à Harris de pénétrer dans le jardin par l'entrée principale, qui se trouvait tout près, et de ressortir par le même chemin. C'est alors que Harris le traita d'âne bâté. Ce qui nous fit perdre une journée et coûta quarante marks à Harris.

Puis ce fut mon tour, à Carlsruhe, où je volai un vélo. Bien sûr, je n'avais pas la moindre intention de voler un vélo. Je voulais seulement me rendre utile. Le train était sur le point de partir quand j'aperçus, dans le fourgon, ce que je crus être le vélo de Harris. Personne n'étant là pour m'aider, je sautai dans le wagon où j'eus juste le temps de me saisir du vélo et de le tirer au-dehors. Le poussant triomphalement sur le quai, je tombai droit sur le vélo de Harris appuyé contre un mur, derrière des bidons de lait. Je venais de me saisir du vélo d'un autre.

C'était embarrassant ! En Angleterre, j'aurais simplement expliqué mon erreur au chef de gare, mais en Allemagne, on ne se contente pas, même pour une petite affaire comme celle-là, de quelques explications devant un seul homme. On vous embarque et vous êtes prié de vous justifier devant une demi-douzaine de responsables. Si jamais un de ces personnages n'est pas joignable, ou n'est pas en mesure de vous entendre à ce moment-là, il se peut même que vous soyez retenu toute la nuit afin de poursuivre vos explications le lendemain matin. Mon idée était donc de mettre le vélo à l'abri et, sans tambour ni trompette, d'aller faire un petit tour comme si de rien n'était. J'avisai un hangar qui me sembla l'endroit rêvé et j'étais déjà en train d'y pousser le vélo quand, pour mon malheur, un cheminot à casquette rouge, avec des airs de Feld-Marechal en retraite, m'aperçut et vint vers moi en disant :

– Qu'est-ce que vous faites avec ce vélo ?

– Je le mets à l'abri dans ce hangar, répondis-je.

J'essayai, d'un ton serein, de le convaincre que j'étais en train d'accomplir une de ces actions pleines de prévenance et de gentillesse pour lesquelles les employés de chemins de fer devraient témoigner de la reconnaissance. Mais il se montra tout à fait insensible.

– C'est votre vélo ?

– Eh bien... pas exactement.

– A qui il est ? demanda-t-il sèchement.

– Je ne peux pas vous le dire, répondis-je, je ne sais pas...

« Où l'avez-vous trouvé ? », fut la question suivante, posée sur un ton de suspicion quasi insultant.

– Je l'ai pris dans le train, répondis-je avec autant de calme et de dignité que j'en étais capable dans un tel moment. En fait, poursuivis-je, je me suis trompé de vélo...

Il ne me laissa pas terminer, disant que c'était bien ce qu'il pensait lui aussi... et il donna un coup de sifflet.

Quand je repense aux conséquences de cette affaire, je trouve que finalement ce ne fut pas très drôle. Par une chance qui tient du miracle – on dit bien que la Providence veille sur certains –, l'incident se passait à Carlsruhe où j'ai un ami allemand, personnage assez influent. Je n'ose imaginer mon sort si l'affaire s'était passée ailleurs, ou si mon ami avait été en voyage. Toujours est-il qu'il s'en fallut d'un cheveu qu'on ne me garde. J'aimerais bien ajouter que je quittai Carlsruhe sans la moindre tache à mon honneur mais ce ne serait pas la vérité. Ma libération est aujourd'hui encore considérée, dans les milieux policiers de la ville, comme un déni de justice.

Mais toutes ces vétilles sont insignifiantes à côté du crime de George. L'incident du vélo nous avait perturbés et, par-dessus le marché, nous avait fait perdre George. Nous apprîmes plus tard qu'il nous avait longtemps attendus devant le commissariat de police ; mais, à ce moment-là, nous ne le savions pas. Nous pensions qu'il avait continué tout seul sur Baden. Alors, désireux de quitter Carlsruhe au plus vite et, je l'avoue, sans beaucoup réfléchir, nous sautâmes dans le premier train en partance pour Baden. Quand George, las d'attendre, revint à la gare, il ne nous trouva pas, bien sûr, et constata que ses bagages s'étaient envolés. C'était Harris qui avait son billet et, comme j'étais le banquier de l'équipe, il n'avait sur lui que de la petite monnaie. Fondant toutes excuses sur l'ensemble de ces motifs, il prit délibérément le chemin d'une carrière de criminel dont le cours, comme nous pûmes le lire crûment, un peu plus tard, dans les assignations à comparaître, nous fit, à Harris et à moi, dresser les cheveux sur la tête.

Il faut reconnaître que c'est très compliqué de voyager en Allemagne. Vous achetez, à la gare de départ, un billet pour le lieu où vous désirez vous rendre. Vous croyez que c'est suffisant pour y arriver ? Eh bien pas du tout ! Quand votre train entre en gare et que vous vous précipitez pour y monter, le contrôleur vous repousse avec superbe et vous demande votre titre de transport. Vous lui présentez votre billet, il vous rétorque alors que ce billet n'est d'aucune utilité dans ce train, qu'il n'est que la première des formalités à accomplir pour voyager. Il vous faut donc revenir au guichet pour vous procurer un supplément-train express *(Schnellzug)*. Ainsi pourvu, vous revenez, certain que vos ennuis sont terminés. On vous autorise en effet à monter dans le train ; jusqu'ici ça va. Mais voilà qu'on vous interdit de vous asseoir, et que vous ne pouvez pas non plus rester debout ou vous promener dans les couloirs. Il vous faut un autre billet ; il s'agit cette fois du billet place assise *(Platz)* qui seul vous permet de vous installer sur une banquette pendant le trajet.

Je me suis toujours demandé, depuis, ce que pourrait bien faire quelqu'un qui s'obstinerait à n'acheter que le premier billet. Serait-il autorisé à courir sur la voie derrière le train ? Ou bien, après s'être placardé une étiquette, pourrait-il s'installer dans le fourgon à marchandises ? Et qu'arriverait-il à celui qui, ayant acheté son supplément-train express, n'aurait plus de quoi acheter un billet place assise ou s'y refuserait obstinément ? L'autoriserait-on à s'installer dans le filet à bagages ? Le laisserait-on s'accrocher à la fenêtre ?

Pour revenir à George, il avait juste de quoi prendre un billet de troisième classe dans l'omnibus pour Baden. Pour éviter toute question du contrôleur, il attendit que le train se mette en marche pour sauter dedans.

Et ce fut son premier crime :

a) Monter dans un train en marche.

b) Et ce, malgré l'interdiction du contrôleur.

Deuxième crime :

a) Voyager dans un train d'une classe supérieure au titre de transport en sa possession.

b) Refuser de payer le supplément sous l'injonction du contrôleur. (George assura qu'il n'avait pas « refusé » mais simplement expliqué au contrôleur qu'il ne pouvait pas payer.)

Troisième crime :

a) Voyager dans un compartiment d'une classe supérieure au titre de transport en sa possession.

b) Refuser de payer le supplément sous l'injonction du contrôleur. (Là encore George n'est pas d'accord avec le rapport. Il retourna les fonds de ses poches pour les montrer au contrôleur et lui offrit tout ce qu'il possédait et qui se montait à environ huit pennies en monnaie allemande. Il proposa également de s'installer en troisième classe mais il n'y en avait pas dans ce train. Il offrit finalement de se rendre dans le fourgon à bagages mais le contrôleur ne voulut rien entendre.)

Quatrième crime :

a) Occuper un siège sans billet place assise.

b) Stationner dans un couloir. (Comme on ne lui permettait pas de s'asseoir sans billet et qu'il n'avait pas de quoi en acheter un, on se demande bien ce qu'il aurait pu faire d'autre.)

Mais les explications ne sont pas des excuses en Allemagne ; et le voyage de George, de Carlsruhe à Baden, a sûrement battu tous les records de prix.

En réfléchissant à la facilité et à la fréquence avec lesquelles on peut avoir des ennuis en Allemagne, on en arrive à la conclusion que ce pays serait une bénédiction, une véritable aubaine pour un jeune Anglais. Aux dires des étudiants en médecine, des dîneurs mondains et aussi des petites gens, la vie à Londres est d'un ennui mortel. Le vrai Britannique ne trouve son plaisir que s'il peut violer la loi. Sinon ce n'est pas un plaisir véritable. Rien de ce qu'il est permis de faire légitimement ne peut lui apporter de vraie satisfaction. Avoir des ennuis avec quelqu'un, de quelque manière que ce soit, voilà comme il conçoit son bonheur suprême. Seulement, en Angleterre, les occasions de ce genre ne sont pas nombreuses. Se fourrer dans un mauvais pas demande pas mal d'efforts de la part d'un jeune Anglais.

J'eus un jour une conversation sur ce sujet avec le doyen de notre paroisse. C'était le 10 novembre au matin et nous étions un peu anxieux en lisant la rubrique des faits divers. Comme d'habitude à cette date, une bande de jeunes avait été interpellée par la police pour avoir organisé l'habituel chahut au Criterion la nuit précédente. Mon ami le doyen a deux garçons et, pour ma part, j'ai un neveu que je considère comme mon fils et que sa mère, qui l'adore, croit complètement absorbé par ses études d'ingénieur à Londres. Par extraordinaire, nous ne découvrîmes aucun nom familier dans la liste des personnes arrêtées par la police. Rassurés, nous nous mîmes à déblatérer sur les turpitudes et les folies de la jeunesse.

– C'est surprenant, dit le doyen, de voir combien ce Criterion est toujours choisi dans ces cas-là ! C'était déjà pareil quand j'étais jeune. Nos nuits se terminaient invariablement au Criterion.

– C'est insensé ! répondis-je.

– Et tellement monotone, reprit-il. Vous n'avez pas idée (et une expression rêveuse éclaira son visage ridé) de ce que le trajet Piccadilly Circus-commissariat de Vine Street peut être indisciblement fastidieux. Mais que pouvions-nous faire d'autre ? Rien, tout simplement, rien. Éteindre de temps en temps un réverbère ? Un type venait le rallumer immédiatement. Insulter un policier ? Il ne prêtait pas la moindre attention à nos injures ou, s'il s'en rendait compte, on aurait dit que ça lui était égal. Alors quoi faire ? Se battre contre un fort des halles, à Covent Garden, si vous vous sentiez de ce genre de distractions ? C'était presque toujours le fort qui sortait vainqueur du combat et ça vous coûtait cinq shillings. (Dans le cas contraire c'était d'ailleurs un demi-souverain.) Personnellement, je n'ai jamais trouvé beaucoup d'excitation à ce sport un peu spécial. Un jour, j'ai pris la place d'un cocher de fiacre, ce qui fut toujours considéré comme le sommet de l'extravagance. J'avais confisqué le fiacre, tard dans la nuit, devant un bar de Dean Street et voilà comment tout se déroula : je fus hélé dans Golden Square par une vieille dame avec trois enfants ;

deux étaient en larmes, le troisième était à moitié endormi. Avant que j'aie pu m'esquiver, elle jeta toute sa marmaille dans le fiacre, releva mon numéro et me donna un shilling de plus que le tarif – à ce qu'elle dit – en me lançant une adresse avant de disparaître : un peu après ce qu'elle appelait Kensington nord et qui, en fait, se trouvait de l'autre côté de Willesden. Le cheval était fourbu et le trajet dura un peu plus de deux heures. C'est la plaisanterie la plus *lente* que je me souvienne d'avoir jamais faite. A une ou deux reprises je tentai de persuader les gamins de me laisser les reconduire chez la vieille dame mais, chaque fois que je levais la trappe pour leur parler, le plus jeune se mettait à hurler. Quand je proposai à d'autres cochers de leur repasser la course, la plupart me répondaient par une rengaine à la mode à cette époque : « Oh, George, tu ne crois pas que tu y vas un peu fort ? » L'un d'eux me proposa de rapporter à ma femme, à la maison, une de mes dernières pensées, tandis qu'un autre assurait qu'il organiserait une fête quand on me retrouverait au printemps prochain. En envisageant cette plaisanterie, je m'étais imaginé conduisant un vieux grincheux de colonel dans un quartier perdu et sinistre, à une quinzaine de kilomètres de l'endroit où il voulait aller, et l'abandonnant en train de jurer devant une borne. Alors, je me serais peut-être amusé – ou non ; selon les circonstances et l'humeur du colonel. Mais l'idée d'accompagner toute une nursery sans défense dans une banlieue lointaine ne m'avait jamais effleuré. Non, décidément, conclut mon ami le doyen avec un soupir, non, Londres n'offre que bien peu d'occasions aux amoureux de l'illégal.

En Allemagne, en revanche, pour avoir des ennuis, il suffit de les demander. Il y a des millions de choses défendues et très faciles à faire. Au jeune Anglais désireux de se mettre dans un mauvais pas et qui a des difficultés pour ce faire en son pays, je conseillerais un billet aller simple pour l'Allemagne ; le billet aller-retour n'étant valable qu'un mois, ce serait un vrai gaspillage.

Dans le Code de ce pays, on peut trouver tout un choix de choses à ne pas faire et susceptibles, si on les fait quand même, de vous apporter énormément d'excitation et d'amusement.

Par exemple, il est interdit de mettre sa literie à la fenêtre. On peut donc commencer par là et secouer ses draps à la fenêtre. On récoltera ainsi une contravention avant même le petit déjeuner. Alors qu'en Angleterre on peut se pendre soi-même à sa fenêtre sans que personne n'y trouve à redire ; à condition, bien sûr, de ne pas masquer le jour des voisins du dessous ni de blesser un passant en venant à se décrocher.

En Allemagne, on n'a pas le droit de se déguiser dans les rues. Un Écossais de mes amis qui avait passé un hiver à Dresde avait débattu longuement de cette question avec les autorités locales pendant les tout premiers jours de son installation. Quand on lui avait demandé ce qu'il comptait faire de tels vêtements, il avait répondu simplement et sans aménité qu'il avait bien l'intention de les porter. On lui avait alors demandé pourquoi il voulait revêtir ce genre d'habits et il avait répondu : « Pour avoir chaud ! » On lui avait rétorqué que, franchement, on ne pouvait le croire, et on l'avait renvoyé chez lui dans un fourgon cellulaire. Il avait fallu le témoignage personnel de l'ambassadeur de Grande-Bretagne pour faire admettre aux autorités locales que le costume écossais est un vêtement traditionnel porté par nombre de fidèles et loyaux sujets britanniques. On avait accepté l'explication par souci diplomatique mais en réservant toute opinion personnelle quant à la question. Depuis, on s'est un peu habitué aux touristes anglais. Cependant, un gentleman du Leicestershire, invité il y a peu par des officiers allemands à une partie de chasse, fut arrêté dès sa sortie de l'hôtel et conduit, avec son cheval, au poste de police afin d'y être entendu sur l'extravagance de sa tenue.

Une chose encore qu'on n'a pas le droit de faire dans les rues des villes allemandes, c'est de donner à manger aux chevaux, aux mules ou aux ânes ; que ce soient les vôtres ou non. Si vous êtes pris d'une incoercible envie de donner à manger au cheval de quelqu'un, vous devez fixer un rendez-vous à l'animal et le repas doit avoir lieu dans un endroit dûment autorisé.

Il est interdit de casser du verre ou de la porcelaine dans les rues ; ni d'ailleurs dans aucun autre endroit public. Et, si ça vous arrive, vous devez ramasser tous les morceaux. On ne dit pas ce que vous devez en faire une fois que vous les avez ramassés. Ce que je sais c'est que vous ne devez les jeter ni les abandonner nulle part, et, apparemment, ne jamais vous en séparer de quelque manière que ce soit. Sans doute devrez-vous les porter sur vous jusqu'à votre mort ; on vous enterrera avec, ou alors, peut-être est-il permis de les avaler ?

Toujours dans les rues, en Allemagne, il est interdit de tirer à l'arbalète. Car le législateur allemand ne s'est pas contenté d'envisager les délits de l'homme moyen – les crimes dont on peut légitimement penser que quelqu'un pourra les commettre ; il s'est préoccupé également des extravagances qui pourraient germer dans le cerveau d'un fou. S'il n'y a pas de loi contre ceux qui voudraient se tenir sur la tête au beau milieu de la rue, c'est que l'idée n'en est pas encore venue au législateur. Mais, un de ces jours, au cirque, un homme d'État verra des acrobates et s'avisera de cette lacune. Il se mettra aussitôt au travail et pondra une loi interdisant à tout le monde de se tenir sur la tête au milieu de la rue, et fixera le montant de l'amende. C'est le charme de la législation allemande : chaque délit est tarifé. Contrairement à ce qui se passe en Angleterre, vous ne passerez jamais une nuit d'insomnie à vous demander si vous allez vous en tirer avec une caution, une amende de quarante shillings ou un emprisonnement de sept jours selon l'humeur du magistrat. Ici, vous savez exactement combien vous coûtera votre plaisanterie. Étalez votre argent sur la table, ouvrez le Code et calculez le coût de vos vacances au pfennig près. Pour une soirée très bon marché je recommanderais la marche sur le mauvais côté du trottoir après avertissement de ne pas le faire. J'ai calculé qu'en choisissant bien son quartier et en se cantonnant aux rues pas trop fréquentées, vous pouvez marcher toute une soirée sur le mauvais côté du trottoir pour un peu plus de trois marks.

Dans les villes allemandes il est interdit, à la nuit tombée, de se promener « en groupe ». Je ne sais pas exactement combien il faut être pour constituer un groupe et les quelques personnes autorisées auxquelles je me suis adressé pour obtenir des renseignements à ce sujet se sont toutes jugées incompétentes pour fixer un nombre. J'ai soumis un jour cette question à un ami allemand qui s'apprêtait à sortir au théâtre avec sa femme, sa belle-mère, ses cinq enfants, sa sœur accompagnée de son fiancé, et ses deux nièces. Il n'a pas du tout pris ma question à la légère. Il a jaugé tout son monde d'un regard et a dit :

– Oh, je ne crois pas que nous soyons un « groupe », nous sommes de la même famille.

– Le texte de loi ne fait pas mention de groupe familial ou autre, répondis-je. Il parle seulement de « groupe ». Je ne voudrais pas vous contrarier mais, du point de vue étymologique, j'ai plutôt tendance à considérer votre rassemblement comme un « groupe ». Maintenant il faut voir si la police pensera comme moi ou non. Mais vous êtes prévenu.

Mon ami serait passé outre mes scrupules mais sa

femme, craignant de voir sa soirée gâchée dès le début par une intervention de la police, sépara sa famille en deux en donnant la consigne de se retrouver plus tard dans le hall du théâtre.

Il y a encore une autre passion qu'il faut savoir réfréner en Allemagne ; c'est celle qui vous pousse à jeter des objets par la fenêtre. Les chats et leurs miaulements eux-mêmes ne sont pas une excuse. Pendant la première semaine de mon séjour, j'étais toutes les nuits réveillé par des chats. Un soir, j'en devins presque enragé. Après avoir rassemblé un petit arsenal (deux ou trois morceaux de charbon, quelques poires vertes, deux bouts de chandelle, un œuf resté sur la table de la cuisine, une bouteille de soda vide et quelques objets de ce genre), j'ouvris la fenêtre et me mis à bombarder le coin d'où semblaient provenir les miaulements. Je ne pense pas avoir atteint quoi que ce soit. Je ne connais personne qui ait réussi à atteindre un chat même bien en vue ; sauf, peut-être, par hasard et en visant autre chose. J'ai connu des tireurs d'élite, des lauréats de concours, etc. ; je les ai vus tirer au fusil, à cinquante mètres, sur des chats, sans jamais les toucher ne serait-ce que d'un poil. J'ai toujours pensé que pour consacrer le meilleur fusil, plutôt que de le laisser tirer sur des chevreuils ou autre bêtise de ce genre, on devrait lui donner un chat pour cible.

Toujours est-il que mes chats à moi déguerpirent. C'est peut-être l'œuf qui les avait incommodés ; j'avais remarqué, en le prenant, qu'il n'avait pas l'air très frais. Je me remis au lit en pensant que l'incident était clos. Dix minutes plus tard, on sonnait violemment à la porte. Je tentai de faire la sourde oreille mais la sonnerie reprit de plus belle. Alors, après avoir passé ma robe de chambre, je descendis ouvrir la porte. Il y avait là un policier et, réunis devant lui en un petit tas, tous les objets que j'avais jetés par la fenêtre ; tous sauf l'œuf. C'était évidemment lui qui avait rassemblé ces objets. Il demanda :

– C'est à vous tout ça ?

– *C'était* à moi mais, personnellement, maintenant je n'en veux plus. C'est à qui en voudra. Vous pouvez les prendre.

Il fit celui qui n'avait pas entendu et poursuivit :

– Vous avez jeté ces objets par la fenêtre ?

– En effet.

– Pourquoi les avez-vous jetés par la fenêtre ? (Les questions d'un agent allemand se trouvent toutes dans son code ; il ne les modifie jamais ; il n'en oublie jamais une seule.)

– Je les ai jetés par la fenêtre à cause des chats.

– Quels chats ?

Voilà le genre de questions que vous pose un agent allemand ! Je répondis, avec toute l'ironie que je pus faire passer à travers mon accent, que j'étais tout penaud de ne pouvoir lui dire de quels chats il s'agissait. Je lui expliquai que, personnellement, je ne les connaissais pas mais que j'étais prêt, si la police pouvait rassembler tous les chats du quartier, à essayer de les reconnaître à leur miaulement.

Le policier allemand ne comprend pas souvent la plaisanterie. Ce qui, dans mon cas, valait peut-être mieux car je crois que plaisanter devant n'importe quel uniforme allemand est passible d'une lourde amende. C'est ce qu'on appelle « traiter un officiel avec insolence ». Il me répondit simplement que ce n'était pas le rôle de la police de m'aider à reconnaître des chats. Que son devoir, à lui, était de m'infliger une amende pour avoir jeté des objets par la fenêtre.

Quand je lui demandai ce qu'un pauvre malheureux pouvait bien faire, en Allemagne, quand il était réveillé toutes les nuits par des chats, il répondit que je devais porter plainte contre le propriétaire du chat. La police lui infligerait alors une amende ou exigerait la destruction dudit chat. Qui aurait obligation de détruire le chat et quel serait son comportement pendant le procès ? Il n'en souffla mot.

Je lui demandai alors s'il savait comment s'y prendre pour découvrir le propriétaire du chat. Il réfléchit quelques instants et me suggéra de suivre le chat jusqu'à son domicile. Je ne me sentis plus le courage de lui poser d'autres questions. Je ne pouvais qu'avancer des arguments qui aggraveraient mon cas. Toujours est-il que cette plaisanterie me coûta douze marks ; mais, d'un bout à l'autre de cette affaire, aucun des quatre fonctionnaires qui m'interrogèrent ne sentit le ridicule de la situation.

En Allemagne, les plus grands crimes, les plus grandes folies humaines, semblent insignifiantes devant l'énormité que représente le fait de marcher sur une pelouse. Nulle part dans ce pays, sous aucun prétexte et à aucun moment, vous ne devez marcher sur une pelouse. L'herbe est tabou. Mettre le pied sur l'herbe est aussi sacrilège que de danser la gigue sur le tapis de prières d'un mahométan. Même les chiens respectent les pelouses. Un chien allemand ne rêverait jamais de poser sa patte sur un gazon. Si vous voyez un chien gambader sur une pelouse, en Allemagne, vous pouvez être sûr que c'est le chien d'un étranger sans foi ni loi. En Angleterre, quand on veut empêcher les chiens d'aller dans certains endroits, on installe un grillage de six pieds de haut, soutenu par des piquets, et surmonté d'un fil barbelé. En Allemagne, on place un écriteau au milieu de la pelouse, *Hunden verboten* (Interdit aux chiens). Tout chien ayant du sang allemand dans les veines, en voyant cet écriteau, fait immédiatement demi-tour. J'ai vu, dans un parc allemand, un jardinier chaussé de pantoufles de feutre pénétrer avec mille précautions sur une pelouse pour y attraper un insecte et le déposer précautionneusement mais fermement sur le gravier. Après quoi, il demeura gravement penché sur l'insecte pour voir si celui-ci n'essayait pas de revenir sur la pelouse. Mais l'insecte, visiblement honteux, descendit précipitamment dans le caniveau et s'enfuit dans la direction marquée *« Ausgang »* (Sortie).

Dans les parcs allemands, on a attribué différentes allées aux différentes catégories de la communauté, et personne – au risque de sa liberté et d'une amende – n'a le droit d'emprunter l'allée d'une autre catégorie. Il y a des allées réservées aux cyclistes, d'autres aux piétons, d'autres aux cavaliers ; certaines aux voitures légères, d'autres aux gens en grosse voiture. Il y a des allées pour enfants et d'autres pour femmes seules. Qu'il n'y en ait pas de réservées aux chauves ni aux « femmes libérées » semble un regrettable oubli.

Un jour, dans le Grand-Jardin, à Dresde, je suis tombé sur une vieille dame, désemparée et ahurie, au beau milieu d'un carrefour de sept chemins. Chacun était défendu par un écriteau menaçant qui en tenait les promeneurs à l'écart à l'exception bien sûr de ceux à l'intention desquels il avait été tracé.

– Je vous prie de m'excuser, dit la vieille dame en voyant que je parlais l'anglais et lisais l'allemand, mais auriez-vous la bonté de me dire qui je suis et par où je dois passer ?

Après l'avoir regardée en détail, j'en conclus qu'elle était « adulte » et « piéton », et je lui indiquai son chemin. Elle regarda dans cette direction et sembla décontenancée.

– Mais je ne veux pas aller par là, dit-elle ; je voudrais prendre cette direction-là.

– Grand Dieu, non, Madame. Ce chemin est réservé aux enfants.

– Mais je ne leur ferai aucun mal, dit la vieille dame avec un sourire.

Elle ne semblait pas, en effet, de ces vieilles dames capables de faire du mal aux enfants.

– Madame, si ça ne dépendait que de moi, répliquai-je, je vous ferais totalement confiance et vous laisserais prendre ce chemin même si mon premier-né était à l'autre bout. Mais je dois vous mettre au courant des lois de ce pays. Pour vous, adulte, vous aventurer dans cette direction c'est risquer immanquablement une amende sinon l'emprisonnement. Voici votre chemin ; c'est marqué en toutes lettres : *« Nur für Fussgänger »* (Réservé aux piétons) ; et, si vous voulez mon avis, hâtez-vous car vous n'avez pas le droit de rester plantée ici avec hésitation.

– Mais ce chemin ne va pas du tout où je veux aller ! dit la vieille dame.

– Il va où vous *devriez vouloir* aller, répondis-je.

Et, sur ces très belles paroles, nous nous séparâmes.

Dans les parcs allemands, il y a des bancs marqués *« Nur für Erwachsene »* (Réservé aux adultes) et un enfant allemand qui a envie de s'asseoir, quand il lit ce panneau, poursuit son chemin à la recherche d'un siège réservé aux enfants. Quand il en trouve un, il s'assoit délicatement en prenant soin de ne pas le salir avec ses chaussures crottées. Supposez un banc dans Regent's ou dans St Jame's Park avec l'inscription : « Pour adultes. » Tous les enfants, à cinq kilomètres à la ronde, viendraient se bagarrer pour la possession de ce banc et en déloger les derniers occupants. Quant aux « adultes » ils ne pourraient jamais s'en approcher à moins de cinq cents mètres au milieu de cette cohue. Le petit Allemand, lui, s'il s'assoit par inadvertance sur un de ces bancs, se lève en sursaut quand on lui fait remarquer son erreur et file la tête basse en rougissant jusqu'à la racine des cheveux, plein de honte et de remords.

N'allez pas croire que le gouvernement allemand ne fasse rien pour les enfants. Dans les parcs et les jardins publics, ils ont des endroits à eux, marqués *« Spielplätze »* (Aires de jeu), avec des bacs à sable. Là, ils peuvent s'en donner à cœur-joie, bâtir des châteaux et faire des pâtés. Pour l'enfant allemand, l'idée de faire ses pâtés dans un autre endroit et avec un autre sable que celui-ci semblerait immorale. Ça ne lui procurerait aucune satisfaction. Son âme se révolterait contre une telle idée. Il se dirait : « Ce pâté n'est pas comme il faut. Il n'est pas fait avec le sable mis spécialement à la disposition des enfants par le gouvernement. Il n'est pas fait à l'endroit prévu par le gouvernement. Rien de bon ne peut venir de ce pâté ; c'est un pâté illégal. » Et sa conscience le tourmenterait jusqu'à ce que son père ait payé l'amende *ad hoc* et qu'il ait reçu, pour sa part, la correction méritée.

Un autre infaillible moyen pour s'amuser, en Allemagne, c'est le landau. Le Code comporte des pages et des pages sur ce qu'il est permis et ce qu'il est interdit de faire avec ce qu'ils appellent un *Kinderwagen* (landau). En lisant ces pages vous conviendrez que l'homme capable de pousser un landau à travers une ville allemande sans enfreindre la loi est tout à fait digne d'être diplomate.

Par exemple, il est défendu de flâner avec un landau... mais il est interdit de courir. Vous ne devez pas entraver la marche des gens avec votre landau... mais si quelqu'un vous barre la route, c'est à vous de déguerpir. Si vous désirez vous arrêter, vous devez vous rendre sur une aire spécialement réservée au stationnement des landaus. Quand vous y arriverez, en revanche, vous *devrez* vous y arrêter. Il est interdit de traverser une rue avec un landau et si vous habitez de l'autre côté, tant pis pour vous. Vous n'avez pas le droit de laisser votre landau n'importe où. Mais vous ne pouvez le garder avec vous que dans des endroits bien définis. On peut estimer qu'en se promenant, en Allemagne, avec un landau, pendant environ une demi-heure, il doit normalement vous arriver assez d'ennuis pour vous contraindre à demeurer sur place pendant un mois. Tout jeune Anglais désireux de se frotter à la police ne trouvera jamais mieux que l'Allemagne à condition qu'il s'y rende avec un landau.

En Allemagne, on n'a pas le droit de laisser sa porte d'entrée ouverte après vingt-deux heures ni de jouer du piano chez soi après vingt-trois heures.

En Angleterre, je n'ai jamais éprouvé la moindre envie de jouer du piano ou d'écouter quelqu'un en jouer après vingt-trois heures. Mais quand on vous l'interdit ça devient très différent : en Allemagne, je crois bien que le piano n'a jamais eu le moindre attrait pour moi *avant* vingt-trois heures. Alors seulement, j'ai envie de m'asseoir et d'écouter *La Prière d'une vierge* ou l'ouverture de *Zampa* avec ravissement. Pour l'Allemand amoureux du Code, en revanche, la musique d'après vingt-trois heures cesse d'être de la musique pour devenir un péché ; partant, elle ne lui procure plus aucune satisfaction.

Dans toute l'Allemagne, les seuls qui puissent se

permettre quelques privautés avec la loi, ce sont les étudiants. Et encore jusqu'à un certain point. Ils jouissent de privilèges, par tradition, même s'ils sont strictement limités et clairement définis. Par exemple, les étudiants ont le droit de s'enivrer et de s'écrouler dans le ruisseau sans autre obligation que de remercier d'un pourboire, le lendemain, le policier qui les a trouvés et ramenés chez eux. Mais ils doivent choisir leur caniveau dans une rue écartée. Aussi, quand ils sentent venir le moment où ils ne discerneront bientôt plus les choses, ils mettent toute l'énergie qu'il leur reste à dépasser le dernier tournant au-delà duquel ils pourront s'écrouler sans crainte. Dans certains quartiers, ils ont le droit de tirer les sonnettes. Ce sont, bien sûr, des quartiers où les loyers sont peu élevés. Chaque famille a d'ailleurs mis au point un code secret qui permet de savoir s'il s'agit d'un vrai appel ou non. Si l'on doit se rendre tard dans une de ces maisons, il est recommandé de connaître ce code, autrement, en insistant, on risque de recevoir un seau d'eau sur la tête.

Les étudiants sont également autorisés à éteindre les réverbères. Mais il n'est pas très bien vu d'en éteindre trop. Les facétieux en tiennent généralement la comptabilité, se contentant d'une demi-douzaine par nuit. Ils ont aussi le droit de crier et de chanter en rentrant chez eux mais jusqu'à deux heures et demie du matin seulement ; enfin, dans certains restaurants, ils peuvent prendre les jeunes filles par la taille. Pour prévenir toute inconvenance, d'ailleurs, les serveuses de ces endroits sont sélectionnées avec soin parmi des femmes mûres et sérieuses, ce qui permet aux étudiants de s'adonner sans crainte aux délices du flirt sans encourir le moindre reproche.

Ils sont sacrément respectueux des lois, les Allemands !

CHAPITRE X

Baden-Baden vu par un touriste. Les beautés du petit matin comme on les imagine la veille au soir. Le chemin mesuré au compas sur la carte. Le même mesuré avec les jambes. George d'accord avec sa conscience. Une machine paresseuse. Le cyclisme selon la réclame : sa facilité. Le cycliste selon l'affiche : costume et méthode. Le griffon, animal domestique. Un chien qui a de l'amour-propre. Un cheval qu'on maltraite.

Nous partîmes de Baden et, pour la première fois, à vélo et très sérieusement. De Baden, il suffit de dire que c'est une ville de plaisir et qu'elle ressemble à toutes les villes de plaisir.

Nous avions mis sur pieds une randonnée de dix jours pour la fin de notre voyage en Forêt-Noire. Une petite pointe jusqu'à la vallée du Danube qui, de Tuttlingen à Sigmaringen, est probablement la plus belle vallée d'Allemagne. Le fleuve se fraye là un passage étroit et sinueux, bordé de vieux villages merveilleusement préservés, d'anciens monastères sertis dans des pâturages où l'on voit encore des moines, pieds et tête nus, la houlette à la main, la taille serrée par une cordelette, en train de paître leurs brebis sur les coteaux alentour. Puis ce sont les forêts des contreforts, avec leurs escarpements abrupts, où chaque sommet est couronné par la ruine d'une forteresse, une église ou un château. On peut jouir, d'ici, d'une vue sur les Vosges où la moitié des habitants se montre très peinée quand vous lui parlez français tandis que l'autre moitié se sent insultée si jamais vous lui adressez la parole en allemand. L'ensemble de la population s'indignant, par ailleurs, au premier mot d'anglais. État d'esprit, on peut bien l'imaginer, qui rend la conversation avec les étrangers un peu tendue.

Nous n'avons pas pu mener notre programme à son terme pour la simple et bonne raison que les performances de l'homme sont toujours en deçà de ses ambitions. Il est en effet facile de dire – et de croire – à trois heures de l'après-midi :

– Demain, debout à cinq heures du matin ; à la demie, petit déjeuner succinct et départ à six heures.

– On aura fait la plus grande partie du chemin avant les grandes chaleurs, fait remarquer quelqu'un.

– En cette saison, c'est le petit matin qui est le meilleur moment de la journée, non ? ajoute un autre.

– Sans aucun doute !

– Il fait si frais ; c'est si agréable !

– Le demi-jour est si exquis ! Etc.

Le premier jour, on s'en tient à son programme. L'équipe est prête, au complet, à cinq heures et demie. Tout est silencieux. Chacun est un peu excité, enclin à trouver mauvaise la nourriture ainsi que désagréable la plupart des choses. L'atmosphère se charge d'une irritabilité contenue qui cherche le moyen d'exploser. Le soir, la voix du Tentateur retentit :

– Je crois que si nous partions à six heures et demie ce serait amplement suffisant.

La Vertu, alors, réplique, mais faiblement :

– Ce serait briser nos résolutions.

Le Tentateur reprend :

– Les résolutions sont faites pour l'homme et non l'homme pour les résolutions.

Le diable sait parfois paraphraser l'Écriture dans son propre intérêt.

– De plus on dérange tout l'hôtel. Pensez au petit personnel !

La voix de la Vertu continue, mais de plus en plus faiblement :

– De toute façon, le personnel a l'habitude de se lever tôt, non ?

– Les pauvres ! Vous croyez qu'ils se lèveraient si tôt s'ils n'y étaient pas obligés ? Allez ! disons : petit déjeuner à six heures et demie et nous ne dérangerons personne.

Alors le Péché prenant les traits de la Bonté, on dort jusqu'à six heures en expliquant à sa conscience, qui n'en croit d'ailleurs pas un mot, qu'on agit ainsi pour les autres. J'ai même vu, parfois, cet altruisme prolonger le sommeil jusqu'à des sept heures bien sonnées.

De la même manière, les distances relevées sur la carte au compas ne sont pas exactement les mêmes que celles qu'on mesure sur le terrain avec ses jambes.

– Vingt kilomètres à l'heure pendant sept heures, ça fait cent quarante kilomètres. C'est très faisable dans une journée.

– Il y a quand même quelques côtes un peu dures, non ?

– Oui, mais on les redescend de l'autre côté. Bon, mettons quinze kilomètres à l'heure et décidons de ne faire que cent kilomètres par jour. *Gott im Himmel !* si nous n'arrivons pas à faire du quinze kilomètres à l'heure, autant voyager en fauteuil roulant !

Sur la carte, il semble en effet impossible de faire moins. Mais, à quatre heures de l'après-midi, la voix du Devoir se met en sourdine :

– Bon, je pense qu'on a presque fini pour aujourd'hui ?

– Oh, les amis, il n'y a pas le feu ! Doucement ! La vue est belle par ici, non ?

– Oui, superbe. Mais n'oubliez pas que nous sommes encore à quarante kilomètres de Saint-Blasien.

– A combien ?

– Quarante kilomètres. Peut-être même un peu plus.

– Vous voulez dire que nous n'avons fait que soixante kilomètres ?

– Exactement !

– C'est impossible. Je n'ai pas confiance dans cette carte. Nous roulons depuis les premières heures du jour.

– Ce n'est pas vrai, nous sommes partis vers huit heures.

– Huit heures moins le quart exactement.

– D'accord, mais ensuite nous nous sommes arrêtés tous les huit kilomètres.

– Nous nous sommes arrêtés seulement pour admirer le paysage. Ça rime à quoi de visiter une région si l'on ne prend pas le temps de l'admirer ?

– On a eu aussi quelques côtes drôlement raides.

– Et il fait une chaleur exceptionnelle aujourd'hui.

– Bon, mais n'oublions pas que Saint-Blasien est à quarante kilomètres.

– Il y a encore des côtes ?

– Oui, deux : à monter et à redescendre.

– Il me semble que vous aviez dit que ça descendait jusqu'à Saint-Blasien ?

– Seulement dans les quinze derniers kilomètres. Et nous en sommes encore à quarante.

– Et il n'y a rien entre Saint-Blasien et ici ? Quel est ce village, là, à côté du lac ?

– Ce n'est ni Saint-Blasien ni rien d'approchant. On est sur la mauvaise pente quand on commence à réagir comme ça.

– Il y a également du danger à se surmener. Il faut s'appliquer, en toute chose, à se ménager. D'après la carte, on dirait que c'est un joli petit coin, ce Titisee, non ? Il semble qu'on y respire un bon air. Si on s'y arrêtait ?

– D'accord, je veux bien. Mais je vous ferais remarquer que c'est vous, les amis, qui vouliez aller jusqu'à Saint-Blasien.

– Oh, on se fiche pas mal de Saint-Blasien ! Ce petit trou perdu au fond d'une vallée ! J'ai comme l'impression que ce Titisee est beaucoup plus agréable.

– Et c'est tout près ?

– Huit kilomètres.

Alors, tous d'une même voix :

– On va à Titisee.

George découvrit la différence entre théorie et pratique dans les tout premiers jours de notre voyage.

– Je croyais, dit-il (il roulait seul sur son vélo tandis qu'un peu en avant Harris et moi étions sur le tandem), que nous avions décidé de monter les côtes en train et de n'utiliser les vélos que dans les descentes.

– C'était bien notre idée, répondit Harris, mais globalement, car vous imaginez bien qu'il n'y a pas un train au bas de chaque côte, en Forêt-Noire.

– Figurez-vous que je m'en doutais un peu, grommela George.

Et le silence s'installa.

– D'autre part, reprit Harris qui semblait avoir mûri le problème, vous n'espériez tout de même pas qu'on n'allait rencontrer que des descentes ? Ce ne serait pas de jeu. Il faut mériter son plaisir.

Et le silence s'installa de nouveau, brisé cette fois par George :

– Dites, les amis, j'espère que vous n'êtes pas en train de vous surmener uniquement pour me faire plaisir ?

– Qu'est-ce que vous voulez dire ? demanda Harris.

– Je veux dire que si l'on trouve un train pour gravir une côte, ce n'est pas la peine de l'ignorer simplement pour ménager ma susceptibilité. Personnellement, je suis prêt à monter toutes les côtes en train même si, comme vous dites, ce n'est pas de jeu. Je m'accommoderai moi-même avec ma conscience, si vous voulez bien. Depuis une semaine que je me lève à sept heures du matin je considère que j'ai droit à une petite compensation. Ne vous fatiguez surtout pas pour moi.

Nous lui promîmes de tenir compte de ses suggestions et la randonnée continua dans un mutisme absolu jusqu'à ce que George reprit :

– Quelle est la marque de votre vélo ?

Harris le lui dit et j'ai oublié depuis. Ça n'a d'ailleurs aucune importance.

– Vous en êtes sûr ?

– Absolument, répondit Harris. Pourquoi cette question ?

– Eh bien, parce que votre engin n'est pas à la hauteur de l'affiche. C'est tout.

– Quelle affiche ? demanda Harris.

– L'affiche publicitaire qui en vantait les qualités, expliqua George. J'en ai vu une sur Sloane Street la veille de notre départ. On y voyait un homme en train de pédaler sur le même engin, un drapeau à la main. Il avait l'air de ne pas faire le moindre effort, c'était clair comme le jour. Tranquillement assis, on aurait dit qu'il buvait le grand air. Le vélo avançait comme de lui-même, et rapidement. Alors que le vôtre semble me laisser tout le travail. Ce n'est qu'un monstre de paresse. Quand vous n'appuyez pas sur les pédales, il ne fait strictement rien. A votre place, je me plaindrais.

Quand on y pense, il y a en effet bien peu de vélos à la hauteur de leur réclame. J'ai le souvenir d'une seule affiche où le cycliste avait l'air de faire des efforts. Mais il faut dire qu'il était poursuivi par un taureau. Dans la plupart des cas, l'illustrateur n'a qu'un seul but : persuader le néophyte hésitant que pratiquer le cyclisme, c'est être assis tout simplement sur une selle magnifique, mu rapidement dans la direction souhaitée par des forces invisibles et surnaturelles. En général, le cycliste représenté est une dame et, en la voyant, on imagine que, pour la perfection du repos et l'élimination de l'anxiété, un léger somme sur un matelas moelleux ne vaudra jamais une randonnée à vélo sur une route montueuse. L'affiche est là pour vous prouver qu'aucune fée au monde, même alanguie sur un nuage d'été, ne pourra jamais rivaliser d'aisance avec une femme à vélo. Celle-ci est idéalement vêtue pour rouler par temps chaud. Sans doute une patronne d'auberge un peu vieux jeu ne consentirait pas à lui servir à déjeuner ; et même, un policier à l'esprit borné ferait sûrement l'impossible pour la dérober aux regards en la drapant dans une couverture avant de l'arrêter. Mais elle se moque de tout cela. Par monts et par vaux, dans un dédale où une chatte ne retrouverait pas ses petits, sur des routes à mettre en pièces un rouleau compresseur, elle passe, beauté nonchalante, les cheveux ondulants sous le vent, son corps de sylphide en équilibre parfait, un pied sur la selle, l'autre négligemment posé sur le phare, condescendant parfois à s'asseoir sur la selle, jambes ballantes ; on peut la voir aussi allumer sa cigarette en approchant de sa tête une lanterne chinoise.

Plus rarement, c'est un garçon sur le vélo. Mais jamais il n'a cet air d'accrobate accompli que la femme arbore. Il peut cependant réussir des prouesses, comme se tenir debout sur la selle en agitant des drapeaux ou boire de la bière en roulant. Il faut bien s'occuper, quand on est assis, sans effort à fournir, pendant des heures, sur sa machine, sans rien non plus à quoi penser ! Pour un homme actif, quelle corvée ! Voilà pourquoi on le voit se dresser sur ses pédales, en arrivant au sommet d'une côte, pour apostropher le soleil ou déclamer des vers au paysage.

L'affiche peut également représenter un couple de cyclistes. On se rend compte, alors, combien le vélo, aujourd'hui, est supérieur au salon d'autrefois ou à la porte du jardin pour favoriser un petit flirt. Le garçon et la fille montent sur leurs vélos, après s'être bien assurés que ce sont des engins de bonne qualité. Ensuite, il n'y a plus rien à faire qu'à se laisser bercer par la vieille romance. Dévalant des sentiers étroits, traversant des villes grouillantes un jour de marché, gaiement, roulent les *Bermondsey Company's Bottom Bracket Britain's Best* ou les *Camberwell Company's Jointless Eureka.* Inutile de pédaler. Inutile de tenir le guidon.

Il suffit de leur donner la destination et l'heure du retour, ils n'en demandent pas davantage. Alors, tandis qu'Edwin se penche à l'oreille d'Angelina pour lui susurrer de charmantes bêtises et qu'Angelina se détourne vers l'horizon pour cacher la rougeur qui lui empourpre le visage, les vélos magiques poursuivent leur course tranquille.

Et le soleil brille toujours. Et les routes sont toujours sèches. Et jamais ils ne sont poursuivis par d'intraitables parents, jamais accompagnés par une tante importune, ni surveillés, au coin de la rue, par un démon de petit frère. Ils ne craignent pas les chutes. Ah ! Pourquoi n'avons-nous pas eu, quand *nous* étions jeunes, de *Britain's Best* ou de *Camberwell Eureka* ?

On peut les voir, également, les *Britain's Best* ou les *Camberwell Eureka*, appuyés contre une porte. Ils sont sans doute fatigués. Ils ont travaillé dur tout l'après-midi pour promener leur petit monde qui les a lâchés, un instant, avec beaucoup de gentillesse, pour leur accorder ce bref repos. Les randonneurs sont assis par terre, à l'ombre de riants arbustes. L'herbe est haute et sèche. Un ruisseau coule à leurs pieds. Tout est calme et volupté.

L'illustrateur d'une réclame pour vélos s'efforcera toujours de suggérer cette idée : calme et volupté.

Mais j'ai tort de dire qu'on ne voit jamais, sur ces affiches, de cycliste en plein effort. En y réfléchissant bien, je me souviens de l'image d'un garçon qui peinait visiblement ; on aurait même pu dire qu'il s'exténuait littéralement. Il était hâve et hagard sous l'effort, la sueur perlait à son front. On devinait que si, derrière l'affiche, il y avait encore une autre côte, il allait être contraint d'abandonner, voire de rendre l'âme. Mais c'était le résultat de sa propre sottise parce qu'il s'obstinait à rouler sur un vélo de mauvaise qualité. S'il avait eu un *Putney Popular* ou un *Battersea Bounder,* comme le jeune homme – plein de bon sens – du milieu de l'affiche, tous ces efforts inutiles lui auraient été épargnés. La seule chose qu'on lui aurait demandée, en juste reconnaissance, aurait été d'afficher un air comblé et tout juste, de temps en temps, un petit coup de frein quand l'engin, dans l'ardeur de sa jeunesse, aurait un peu perdu la tête en s'emballant.

Vous, jeunes hommes fatigués, assis, découragés, sur une borne kilométrique, trop las même pour prendre garde à la pluie persistante qui vous pénètre ; vous, jeunes filles épuisées, aux cheveux raides et mouillés, craignant l'heure tardive, sur le point de blasphémer mais ne sachant comment ; vous, le gros monsieur chauve, qui fondez à vue d'œil en haletant et grognant sur la route sans fin ; vous, la grosse dondon découragée, écarlate, qui avez tant de peine à faire avancer cette mécanique récalcitrante ; vous tous, enfin, pourquoi n'avez-vous pas acheté un *Britain's Best* ou un *Cambell Eureka* ? Pourquoi donc tant de vélos de pacotille sont-ils répandus sur cette terre ?

Ou bien en est-il du cyclisme comme de toutes choses ici-bas ? La vie n'est-elle donc pas à la hauteur des promesses de l'affiche ?

Ce qui me fascine le plus, en Allemagne, et qui m'enchante aussi, ce sont les chiens.

En Angleterre on voit toujours les mêmes vieilles races. On ne les connaît que trop. Le mastiff, le plum-pudding, le terrier (à poils noirs, blancs ou roux mais toujours querelleur), le colley, le bouledogue... jamais rien de nouveau. En Allemagne, on rencontre une vraie variété. On tombe sur des chiens qu'on n'a encore jamais vus. D'ailleurs, avant qu'ils aient aboyé, on n'est pas certain que ce soient des chiens. Ça, c'est nouveau ! C'est même passionnant !

A Sigmaringen, George s'arrêta pour nous montrer un chien étrange. On aurait dit le croisement d'une morue et d'un caniche. Harris voulut le photographier mais l'animal grimpa sur une palissade et disparut derrière une haie.

Je ne connais pas les idées des éleveurs allemands. Pour le moment, ils les tiennent secrètes. George pense qu'ils visent à créer un griffon. Et, ma foi, je serais assez tenté de défendre cette théorie car, une fois ou deux, je suis tombé sur un cas de quasi-réussite. Cependant, je n'arrive pas à me persuader qu'il s'agisse d'autre chose que de simples accidents. Les Allemands sont pratiques et je ne vois pas pourquoi ils essayeraient de créer un griffon. Si ce n'est que pour obtenir une bizarrerie, on a déjà le teckel ! Ça suffit ! En outre, un griffon, dans une maison, ce doit être assez incommode. Tout le monde risque de lui marcher sur la queue. Personnellement, j'ai plutôt l'impression qu'ils essayent de créer une sirène qu'ils dresseront à pêcher des poissons.

Car nos Allemands n'encouragent jamais la paresse chez les êtres vivants. Ils aiment voir leurs chiens travailler et, d'ailleurs, leurs chiens aiment travailler. Aucun doute là-dessus. La vie des chiens anglais serait une vraie misère pour eux. Imaginez un tempérament fort, intelligent, actif et exceptionnellement énergique condamné à passer vingt-quatre heures sur vingt-quatre dans une inertie absolue. Vous-même, le pourriez-vous ? Pas étonnant qu'ils se sentent incompris, nos chiens anglais ; qu'ils aspirent à l'impossible et se fourrent eux-mêmes dans des cas pendables.

Le chien allemand, en revanche, a toujours de quoi s'occuper. Il est travailleur et a conscience de son importance. Regardez-le, trottinant, attelé à la petite charrette du marchand de lait. Un vicaire, au moment de la quête, n'a pas l'air plus heureux que lui. Il ne travaille d'ailleurs pas vraiment : l'homme pousse la charette, le chien aboie. C'est leur idée de la répartition des tâches. Voici en quelques mots ce que se dit le chien allemand :

– Le vieux bonhomme ne sait pas aboyer mais il peut pousser. Tout est donc pour le mieux.

La fierté et l'intérêt qu'il prend à son travail font plaisir à voir. Si, en passant, un autre chien fait une remarque désobligeante pour semer le doute sur la richesse en crème de son lait, il s'arrête soudainement, sans se soucier le moins du monde de la circulation :

– Je vous demande pardon ; vous disiez, à propos de mon lait ?

– Je n'ai rien dit de votre lait, répond l'autre chien sur un ton innocent. Je remarquais seulement qu'il fait beau et je voulais savoir le prix de la craie.

– Ah, vous vouliez savoir le prix de la craie ?

– Oui, s'il vous plaît. Il me semblait bien que vous pourriez me renseigner.

– Vous avez raison, je peux. Ça vaut...

– Allez, avance, dit le vieux marchand de lait fatigué, en sueur, et pressé de finir sa tournée.

– D'accord, mais vous avez entendu ce qu'il a dit de notre lait ?

– T'occupe ! Regarde le tram qui arrive, on va se faire écraser.

– Oui, mais moi je veux m'occuper de son cas. On a sa fierté tout de même ! Il veut savoir le prix de la craie et je vais le lui dire, moi. Ça vaut exactement vingt fois...

– Tu vas tout fiche par terre ! dit le bonhomme, je le vois venir ! (Et, pathétiquement, il tente de retenir son chien de toutes ses faibles forces). Ah ! j'aurais dû te laisser à la maison !

Le tram est bientôt sur eux. Un cocher les insulte. Un autre chien, une brute épaisse, bien décidé à prendre part à l'altercation, traverse la rue avec sa voiturette de pains, suivi par un gosse criant à tue-tête. Bientôt, un attroupement s'est formé vers lequel un policier se fraye un chemin.

– Ça vaut, dit le chien du laitier, exactement vingt fois ce que tu vaudras quand je me serai occupé de toi.

– Ah, tu crois ? Vraiment ?

– Oui je le crois, bâtard de caniche français ! Mangeur de choux !

– Voilà, j'étais sûr qu'il allait la renverser, cette charrette, dit le pauvre laitier. Je le disais bien !

Mais le chien, trop occupé, ne l'entend même pas. Cinq minutes plus tard, une fois la circulation rétablie, après que la vendeuse de pains a ramassé ses miches pleines de boue et que le policier est reparti en ayant relevé les noms et adresses de tous les protagonistes, le chien du laitier consent à jeter un regard derrière lui :

– On en a renversé un peu, admet-il.

Puis, se secouant pour masquer son dépit, il ajoute gaiement :

– J'espère que je lui ai appris le prix de la craie à celui-là. Il n'est pas prêt de venir nous chercher, je pense !

– J'espère, oui, dit le vieux bonhomme en regardant la rue lactée.

Mais le sport préféré du chien allemand, c'est d'attendre un autre chien au sommet d'une côte et de la dévaler en faisant la course avec lui. Au cours de ces compétitions, on peut voir son vieux maître courir derrière lui pour ramasser les objets éparpillés, comme miches de pain, choux ou chemises, au fur et à mesure de leur chute. Au bas de la côte, le chien s'arrête et attend son maître.

– Belle course, non ? fait-il remarquer, langue pendante, à l'homme qui le rejoint chargé d'objets jusqu'au menton. Je crois que j'aurais gagné sans cet abruti de petit garçon. Il s'est mis dans mes pattes juste comme je tournais le coin. *Vous l'aviez vu ?* Eh bien moi j'aurais bien aimé ; ah, le sale gosse ! Et pourquoi s'est-il mis à brailler ? *Parce que je l'ai fait tomber et que je lui ai passé dessus ?* Oui, mais il n'avait qu'à ne pas se trouver sur mon chemin. C'est scandaleux de voir comment les gens laissent leurs enfants se jeter dans les jambes du pauvre monde pour le faire tomber. Oh, là, là ! c'est tombé de la voiture, tout ça ? Vous n'aviez pas dû les attacher très bien. Faudra faire plus attention. *Vous ne vous attendiez pas à ce que je dévale la côte à trente kilomètres à l'heure ?* Vous me connaissez assez bien, pourtant, pour savoir que je n'allais pas me laisser dépasser par ce vieux chien des Schneider sans rien faire ? Mais vous ne pensez jamais à rien. Vous êtes sûr d'avoir tout récupéré ? *Vous croyez ?* Je ne me contenterais pas de le croire à votre place. Je courrais jusqu'au haut de la côte et je la redescendrais pour m'en assurer. *Vous vous sentez trop fatigué ?* Bon, d'accord, mais ne venez pas me faire des reproches s'il manque quelque chose.

Il n'y a pas plus borné qu'un chien allemand. S'il se met dans la tête qu'il faut tourner dans la deuxième à droite, personne ne pourra jamais lui faire admettre de prendre la troisième. Il est toujours sûr de pouvoir traverser la rue sans problème et ne sera convaincu du contraire qu'en voyant sa charrette écrasée. C'est vrai qu'alors il se confondra en excuses. Mais ça ne sert pas à grand-chose. Comme, en général, il a la taille et la force d'un jeune taureau et que la personne qui l'accompagne n'est le plus souvent qu'un faible vieillard, une vieille femme ou un petit enfant, il agit sans cesse à sa guise. La plus grande punition que son maître puisse lui infliger, c'est de le laisser à la maison et de sortir seul avec la carriole. Mais notre Allemand a trop bon cœur pour abuser de ce procédé.

On ne peut pas imaginer que les chiens tirent ces carrioles pour autre chose que leur propre plaisir. Et je suis sûr que les paysans allemands ne fabriquent ces petits harnachements et ces charrettes que pour faire plaisir à leur chien. Dans d'autres pays, comme la Belgique, la Hollande ou la France, j'ai vu maltraiter des chiens lourdement attelés, en Allemagne, jamais. En revanche, les Allemands insultent leurs animaux de façon très choquante. Un jour, j'ai vu un Allemand, face à son cheval, le traiter de tous les noms qui lui passaient par la tête. Mais le cheval n'en avait cure. J'ai vu une autre fois un paysan, las d'insulter son cheval, demander à sa femme de lui venir en aide. Quand elle fut près de lui, il lui expliqua ce que le cheval venait de faire et la femme se fâcha presque autant que son mari. Lui d'un côté, elle de l'autre, ils insultèrent la pauvre bête à qui mieux mieux. Ils insultèrent sa défunte mère, son père, firent des remarques désobligeantes sur son allure, son intelligence, son sens moral et même sur sa compétence générale en tant que cheval. L'animal soutint l'avalanche avec une patience exemplaire, puis il fit la seule chose à faire en pareille occurrence : sans rien perdre de son flegme, il s'en alla doucement. Alors, la femme revint à sa vaisselle et l'homme se mit à le poursuivre dans la rue en continuant à le couvrir d'injures.

Il n'y a pourtant pas de peuple au cœur plus tendre. La cruauté envers les animaux et les enfants est presque inconnue dans ce pays. En Allemagne, le fouet n'est plus qu'un instrument de musique et on entend son claquement du matin au soir. A tel point qu'un cocher italien, surpris dans une rue de Dresde en train de fouetter sa bête, fut très près d'être lynché par la foule indignée.

L'Allemagne est le seul pays d'Europe où le voyageur sensible peut s'installer confortablement dans un fiacre assuré que son doux ami, laborieux et patient entre les brancards, ne sera ni surmené ni maltraité.

CHAPITRE XI

La maison de la Forêt-Noire : les connaissances qu'on y fait. Son parfum. George refuse de rester couché après quatre heures du matin. Une route qu'on ne peut pas manquer. Mon sixième sens. Une équipe de gens peu reconnaissants. Harris le scientifique. Sa confiance sereine. Le village : où il est et où il devrait être. George et son plan. Nous nous promenons à la française. Le cocher allemand éveillé ou assoupi. L'homme qui répand l'anglais sur le continent.

Une nuit, alors que nous étions très fatigués et loin de toute ville ou village, nous avons dormi dans une ferme de la Forêt-Noire. Le vrai charme de ces maisons, c'est le nombre incroyable de connaissances qu'on y fait. Les vaches sont dans la pièce à côté de votre chambre, les chevaux à l'étage au-dessus, les oies et les canards dans la cuisine, quant aux enfants et aux poules, ils vivent un peu partout.

Vous êtes tranquillement en train de vous habiller, quand, soudain, vous entendez le grognement d'un cochon derrière vous.

– Bonjour, vous n'auriez pas quelques épluchures de pommes de terre par hasard ? Non, bon, je vois qu'il n'y en a pas. Tant pis, au revoir.

Ensuite, vous entendez un caquetage et vous voyez une vieille poule en train de tendre le cou au coin de la porte :

– Belle matinée, hein ? Ça ne vous dérange pas que j'apporte mon ver ici ? C'est tellement difficile, dans cette maison, de trouver une pièce pour jouir tranquillement de sa nourriture. Poussin, je mangeais déjà lentement, alors maintenant qu'une douzaine de... Là ! Je savais bien qu'ils ne me laisseraient pas en paix. Ils en veulent tous un morceau. Ça ne vous dérange pas que je me mette sur le lit ? Peut-être que là-dessus ils ne feront pas attention à moi.

Ensuite toutes sortes de têtes étonnées vous regardent vous habiller depuis la porte. Il est évident qu'elles prennent votre chambre, un moment, pour une ménagerie. Difficile de savoir si ce sont des têtes de filles ou de garçons. En petite tenue, vous espérez seulement que toutes appartiennent au sexe masculin. Inutile de fermer la porte car il n'y a rien pour la bloquer et dès que vous vous éloignez, ils l'ouvrent à nouveau.

Vous prenez alors votre petit déjeuner dans une ambiance digne du retour du fils prodigue. Un cochon ou deux viennent vous tenir compagnie ; sur le pas de la porte, un groupe de vieilles oies vous accable de critiques. A leurs chuchotements, à leur air outré, vous devinez que vous êtes pour elles un objet de scandale. Enfin, une vache condescend parfois à jeter un œil sur ce tableau.

Cet ensemble de dispositions à l'instar de l'arche de Noé, donne à la maison de la Forêt-Noire son odeur particulière. C'est une odeur à nulle autre pareille. Une sorte d'amalgame de roses, de fromage de Munster, de brillantine, de fleurs de bruyère, d'oignons, de pêches, d'eau savonneuse, le tout enrobé d'une bouffée d'air marin et lié par une senteur de cadavre. Vous êtes incapable d'isoler aucune odeur proprement dite mais vous êtes sûr qu'elles y sont toutes : toutes les odeurs recensées à ce jour dans le monde. Les gens qui vivent dans ces maisons raffollent de ce fumet. Ils n'ouvrent jamais leurs fenêtres de peur d'en laisser perdre un soupçon. Ils le conservent hermétiquement. Libre à vous d'aller dehors si vous avez envie de sentir les violettes et les pins ; à l'intérieur, c'est l'odeur de la maison, un point c'est tout. On dit même qu'au bout d'un moment on s'y habitue tellement qu'on en éprouve le besoin et qu'il est alors impossible de s'endormir dans une autre atmosphère.

Nous avions projeté une longue balade, le lendemain, et nous avions décidé de nous lever de bonne heure. A six heures ; et si possible sans réveiller toute la maisonnée. Nous avions demandé à notre hôtesse si elle n'y voyait pas d'inconvénients. Elle avait répondu que non. Elle ne serait peut-être pas là à ce moment, car c'était jour de marché à la ville – à quelque quinze kilomètres – et elle en revenait rarement avant sept heures. Mais son mari ou un de ses enfants rentreraient peut-être à la maison vers cette heure-là pour un en-cas. De toute façon, elle enverrait quelqu'un nous réveiller et préparer notre petit déjeuner.

Vu la tournure des événements, on n'eut nul besoin de nous réveiller ce matin-là. De nous-mêmes, nous nous levâmes à quatre heures pour échapper au bruit et à la fureur qui nous menaçaient d'une terrible céphalée. Je me sens incapable de préciser à quelle heure se lèvent, en été, les paysans de la Forêt-Noire. J'ai l'impression qu'ils n'arrêtent pas de se lever tout au long de la nuit. Et, la première chose que fait un naturel de ce pays quand il se lève, c'est de chausser des sabots de bois pour faire un petit tour dans la maison. Il ne se sent vraiment *levé* qu'après avoir monté et descendu trois fois les escaliers. Une fois bien réveillé, il remonte dans les étages et réveille son cheval. (Les maisons de la Forêt-Noire étant bâties à flanc de coteau, le rez-de-chaussée et les écuries sont en haut tandis que le fenil et les chambres sont en bas.) Le cheval semble avoir besoin, lui aussi, d'une petite promenade à travers la maison. Puis, l'homme descend dans la cuisine et commence à casser du bois. Quand il en a cassé suffisamment, content de lui, il se met à chanter. Tout bien considéré, il n'y avait pas mieux à faire que de suivre l'excellent exemple qu'on nous montrait ainsi. Même George eut envie de se lever tôt ce matin-là.

Nous prîmes un frugal petit déjeuner à quatre heures et demie et, à cinq heures, nous étions partis. Notre route suivait une montagne. D'après les renseignements pris dans le village, c'était une de ces routes sur lesquelles il est impossible de s'égarer. Je suppose que tout le monde connaît ce genre de routes-là ? En général, elles vous ramènent immanquablement à votre point de départ. Dans le cas contraire, vous avez toutes les raisons de le regretter car, à votre point de départ, vous savez au moins où vous êtes. J'avais un mauvais pressentiment depuis le début mais, au bout de deux kilomètres, nous fûmes édifiés. La route se scindait en trois directions. Un poteau indicateur vermoulu affirmait que le chemin de gauche conduisait à un lieu qui ne figurait sur aucune carte et dont nous n'avions jamais entendu parler. L'autre flèche, qui avait dû autrefois indiquer la route du milieu, avait disparu. Quant au chemin de droite, et nous en étions tous les trois convaincus, il ramenait manifestement au village que nous venions de quitter.

– Le vieillard a dit clairement, nous rappela Harris, de prendre le chemin le plus près de la montagne.

– Quelle montagne ? répondit George avec un certain à-propos.

Car nous étions en effet face à une bonne demi-douzaine de montagnes plus ou moins élevées.

– Il a dit qu'on devait déboucher dans une forêt, continua Harris.

– Quelle que soit la route que nous prenions, commenta George, je ne vois aucune raison d'en douter.

En effet, toutes les hauteurs environnantes étaient couvertes de forêts.

– Il a dit aussi, murmura Harris, qu'on atteindrait le sommet en une heure et demie.

– Là, dit George, je ne lui fais plus tout à fait confiance.

– Bon, alors, qu'est-ce qu'on fait ? dit Harris.

Il se trouve que je suis doué du sens de l'orientation. Je ne m'en flatte pas comme d'une vertu et m'en vante rarement. Rien d'autre qu'un instinct animal, une sorte de sixième sens. Je n'y peux rien. Si je trouve quelquefois, barrant le chemin que j'ai choisi, des montagnes, des précipices, des rivières et autres obstacles de cette sorte, je n'y suis pour rien – mon instinct ne peut pas me tromper –, la faute en est à la terre.

Je penchais donc pour le chemin du milieu. Je ne vois pas pourquoi on aurait pu me tenir pour responsable du fait que ce chemin n'eût pas assez de volonté pour continuer plus d'un kilomètre dans la même direction ; ni qu'après quatre kilomètres de montées et de descentes il aboutît finalement à un nid de guêpes. Si ce chemin avait mené où il *devait* mener, il nous aurait conduit où nous voulions aller ; j'en suis convaincu. Et si mes compagnons ne m'avaient pas montré leur mauvaise humeur, j'aurais utilisé de nouveau mon sixième sens pour découvrir un autre itinéraire. Mais je ne suis pas un ange – je l'avoue honnêtement – et je refuse de me donner du mal pour des ingrats et des rustres. Je me demande également si George et Harris m'auraient suivi ! Aussi, pour toutes ces raisons, je décidai de me laver les mains de cette affaire et ce fut Harris qui prit ma place à la tête du groupe.

– Bon, me lança-t-il, je suppose que vous êtes satisfait de ce que vous venez de faire ?

– Oh, ça suffit ! répondis-je du haut d'un tas de pierres où je venais de m'asseoir. Je vous ai conduits jusqu'ici sains et saufs ; je vous aurais même emmenés plus loin encore, mais aucun artiste ne peut travailler sans encouragements. Vous m'en voulez parce que vous ne savez pas où nous sommes ? Mais, si ça se trouve, nous sommes dans la bonne direction ! De toute façon, je ne dirai plus rien. Je n'ai pas besoin de vos remerciements. Prenez le chemin que vous voudrez ! J'en ai assez de vous deux.

J'avais parlé, sans doute, avec un peu d'amertume, mais c'était plus fort que moi. Ils ne m'avaient pas adressé un seul mot aimable pendant tout ce trajet ennuyeux.

– Nous ne voulions pas vous fâcher, dit Harris. George et moi, nous reconnaissons que, sans votre initiative, nous ne serions pas où nous sommes en ce moment. Nous vous en sommes donc très reconnaissants. Mais l'instinct n'est jamais fiable ; il est sujet à caution. Je propose donc de lui substituer la science qui, elle, est rigoureuse. Bon ; où se trouve le soleil ?

– Vous ne pensez pas, dit George, que si nous rebroussions chemin jusqu'au village nous pourrions trouver un jeune garçon qui, pour un mark ou deux, nous servirait de guide et, en fin de compte, nous ferait gagner du temps ?

– Ça nous ferait perdre des heures, répondit Harris d'un ton décidé. Laissez-moi faire. J'ai lu des choses très intéressantes là-dessus. (Il sortit sa montre et se mit à tourner sur lui-même.) C'est simple comme bonjour : vous placez la petite aiguille dans la direction du soleil puis, vous prenez la bissectrice de l'angle formé par la petite aiguille et le chiffre douze et vous avez le nord. (Il se mit alors à tourner dans tous les sens. Enfin il se décida.) Bon, je l'ai. Voilà le nord, droit sur le nid de guêpes. Maintenant donnez-moi la carte.

Nous la lui tendîmes. Alors, s'asseyant face aux guêpes, il se mit à l'examiner.

– Todtmoos, d'ici, se trouve sud-sud-ouest.

– Qu'est-ce que vous entendez par « d'ici » ? demanda George.

– Quoi ? Mais d'ici ; de là ; de l'endroit où nous sommes, répliqua Harris.

– Mais *où* sommes-nous ?

Cette question sembla ennuyer Harris un moment mais il se rasséréna :

– L'endroit exact où nous sommes n'a pas beaucoup d'importance. De toute façon, Todtmoos est au sud-sud-ouest. Alors, en avant ! nous perdons du temps !

– Je ne vois pas très bien où vous voulez en venir, dit George en se levant et en mettant son sac à dos, mais je suppose que ça ne me regarde pas. Nous sommes ici pour notre plaisir et tout est tellement merveilleux.

– Ça va marcher, dit Harris avec une confiance sereine. Nous serons à Todtmoos avant dix heures ; ne vous en faites pas. Là-bas, nous pourrons nous restaurer.

Il reconnut qu'il apprécierait assez un bifteck suivi d'une omelette. Quant à George, il attendrait de voir Todtmoos pour penser à la question.

Nous marchions depuis une demi-heure quand, à travers une trouée, nous aperçûmes, au-dessous de nous, à environ trois kilomètres, le village que nous avions traversé le matin. Il était bien reconnaissable avec son église au clocher étrangement flanqué d'un escalier extérieur. Cette vision me remplit de tristesse. Nous n'avions parcouru, péniblement, et en trois heures et demie, que six kilomètres à peine. Harris, lui, semblait enchanté.

– A la bonne heure ! dit-il ; maintenant, nous savons où nous sommes !

George lui répondit qu'il croyait l'avoir entendu dire que ce n'était pas important. A quoi Harris rétorqua que c'était intéressant d'être fixé et qu'il se sentait donc plus rassuré.

– Je ne suis pas certain que ce soit un gros avantage, murmura George. (Mais je crois que Harris ne l'entendit pas).

– En ce moment, nous sommes à l'est du soleil, continua Harris, et Todtmoos est au sud-ouest de l'endroit où nous sommes. En sorte que si... (Il s'arrêta soudain.) A propos, vous souvenez-vous si j'ai dit que la bissectrice de cet angle indiquait le nord ou le sud ?

– Vous avez dit qu'elle indiquait le nord, dit George.

– Vous en êtes sûr ? insista Harris.

– Certain, répondit George ; mais que ça ne vous dérange pas dans vos calculs ! De toute façon, vous vous êtes sûrement trompé.

Harris réfléchit un moment et son visage s'illumina soudain :

– Voilà ! je comprends ; c'est le nord. Ce ne peut être que le nord. Comment voulez-vous que ce soit le sud ? Nous devons donc marcher plein ouest. Suivez-moi.

– Je ne vois aucun inconvénient à marcher plein ouest, dit George ; toutes les directions se valent, pour moi. Ce que j'aimerais seulement vous faire remarquer, c'est qu'en ce moment nous nous dirigeons plein est.

– Non, répliqua Harris, nous marchons plein ouest !

– Je vous dis que nous marchons vers l'est !

– J'aimerais bien que vous cessiez d'affirmer des bêtises, dit Harris ; vous allez tout embrouiller.

– Je m'en fiche un peu, répliqua George. C'est encore mieux que de continuer dans la mauvaise direction. Et je vous répète que nous marchons plein est.

– Quelle ineptie ! rétorqua Harris ; regardez le soleil.

– Je vois très bien le soleil, répondit George ; je le vois même distinctement. Il se peut qu'il soit à la place qu'il doit occuper, selon vous et selon la science, mais il se peut aussi qu'il n'y soit pas. Ce que je sais c'est que, lorsque nous étions en bas, dans le village, cette montagne, là, avec sa couronne de rochers bien visible, au sommet, était très nettement au nord. Donc, en ce moment, nous nous dirigeons exactement vers l'est.

– Vous avez peut-être raison, reconnut Harris ; j'avais oublié que nous avions changé de direction.

– Si j'étais vous, je prendrais l'habitude de noter ces changements, grommela George ; c'est une manœuvre que nous serons sûrement appelés à faire plus d'une fois.

Nous fîmes donc demi-tour et partîmes dans la direction opposée. Après environ quarante minutes de montée, nous arrivâmes à une nouvelle trouée d'où nous pûmes apercevoir le village de nouveau à nos pieds. Cette fois, il était plein sud.

– C'est extraordinaire, dit Harris.

– Je ne vois rien là de très remarquable, dit George. Quand vous faites très consciencieusement le tour d'un village, il est normal que, de place en place, vous ayez une vue sur lui. De mon côté, je trouve que c'est plutôt rassurant. C'est la preuve que nous ne sommes pas irrémédiablement perdus.

– Il devrait se trouver de l'autre côté, dit Harris.

– Il y sera dans une heure à peu près si nous continuons sur notre lancée.

Moi, je me taisais. Ils commençaient à m'énerver, tous les deux. Cependant, je ne voyais pas sans plaisir George se monter contre Harris. Car c'était idiot, de la part de Harris, d'espérer trouver le chemin grâce au soleil.

– Ce que j'aimerais savoir avec certitude, dit Harris d'un air songeur, c'est si cette bissectrice indique le nord ou le sud.

– A votre place je me déciderais, répondit George ; j'ai l'impression que c'est assez important.

– Ça ne peut pas être le nord, dit Harris, et je vais vous expliquer pourquoi.

– Ne vous donnez pas cette peine, répondit George, je suis bien décidé à vous croire.

– Mais vous venez de dire qu'elle indiquait le nord !

– Je n'ai jamais rien dit de pareil. J'ai seulement reconnu que vous l'aviez dit ; ce qui est très différent. Si vous pensez que ce n'est pas vrai, prenons la direction opposée, ça nous changera...

Harris se plongea alors dans des données contraires à ses premiers calculs et nous nous enfonçâmes de nouveau dans la forêt. Au bout d'une demi-heure de route escarpée, nous tombâmes de nouveau sur notre village. A la vérité, nous nous trouvions un peu plus haut, et il était maintenant entre le soleil et nous.

– Je trouve, dit George en regardant vers le village, que c'est la plus belle vue qu'on ait eu sur lui. Il ne nous reste qu'un point d'où nous puissions avoir une vue nouvelle ; après, je propose qu'on descende au village pour se reposer un peu.

– Je ne crois pas qu'il s'agisse du même village, dit Harris ; c'est impossible.

– Avec une église pareille, on ne peut pas se tromper, dit George ; à moins qu'il ne s'agisse d'un cas semblable à celui des statues de Prague. Il se pourrait bien que les autorités de la région aient fait faire quelques copies grandeur nature de ce village et les aient placées un peu partout dans la forêt pour décider de l'endroit où il serait du meilleur effet. Bon. Nous prenons quelle direction maintenant ?

– Je n'en sais rien ! dit Harris, et je m'en fiche !

J'ai fait ce que j'ai pu. Et vous n'avez pas arrêté de m'embrouiller.

– Je vous ai fait quelques critiques, admit George, mais mettez-vous un peu à ma place. L'un de vous deux affirme qu'il possède un sixième sens et nous conduit droit sur un nid de guêpes au milieu d'une forêt...

– Il n'est pas en mon pouvoir d'empêcher les guêpes de construire leurs nids dans les forêts, m'écriai-je.

– Je n'ai jamais affirmé une chose pareille, répondit George ; je ne suis pas en train d'argumenter ; je constate simplement des faits indubitables. L'autre nous fait grimper et descendre des chemins de montagne, selon des principes prétendus scientifiques, mais il ne sait même pas distinguer le nord du sud et il ne sait même pas non plus dans quelle direction il marche ! Personnellement, je n'ai d'autres instincts que ceux du commun des mortels et je n'ai aucune prétention scientifique. Mais regardez, à deux champs d'ici, j'aperçois quelqu'un. On va lui offrir la valeur du foin qu'il est en train de couper, que j'estime à environ un mark et demi, pour qu'il laisse son travail et nous conduise en vue de Todtmoos. Mes amis, si vous voulez bien me suivre, je vous en prie. Sinon trouvez un nouveau système, ou encore tentez votre chance tout seuls.

Le plan de George manquait sûrement d'originalité et de hardiesse mais, à ce moment de notre randonnée, il nous séduisit. Heureusement, nous n'étions pas très éloignés de l'endroit où nous nous étions perdus au début. Avec l'aide de l'homme à la faux, nous retrouvâmes très vite notre chemin et atteignîmes Todtmoos avec un retard de quatre heures sur l'horaire prévu, et un appétit que quarante-cinq minutes de mastication silencieuse et opiniâtre eurent de la peine à rassasier.

De Todtmoos, nous avions l'intention de nous rendre à pied jusqu'au Rhin. Mais, vu notre surcroît de fatigue, nous décidâmes de faire une « promenade en voiture », comme disent les Français. Nous louâmes un véhicule très pittoresque, tiré par un cheval que j'aurais volontiers comparé à un tonneau si l'embonpoint de son cocher ne l'avait pas fait paraître carrément anguleux. En Allemagne, tous les véhicules sont conçus pour deux chevaux mais ils sont généralement tirés par un seul, ce qui donne à l'attelage un petit air de guingois qui heurte un peu notre goût mais qui, ici, est plutôt signe d'élégance.

Le cocher allemand n'est pas à proprement parler un maître d'équipage. C'est quand il dort qu'il est le meilleur car il est alors inoffensif. Le cheval étant, de son côté et dans la plupart des cas, assez intelligent et plein d'expérience, la course, dans ces conditions, est relativement sûre. S'ils avaient pu dresser les chevaux à recevoir l'argent à la fin, on n'aurait même plus besoin de cocher ; ce qui serait un avantage considérable pour le passager. Car, quand le cocher ne dort pas, qu'il n'est pas en train de faire claquer son fouet, c'est qu'il est en train de se fourrer dans un mauvais pas ou qu'il essaye de s'en sortir. (Et il est bien meilleur pour s'y fourrer.)

Je me souviens, une fois, avoir descendu une forte côte, dans la Forêt-Noire, en compagnie de deux femmes. C'était une route en lacets. D'un côté la paroi de la montagne s'élcvait verticalement, de l'autre, c'était le précipice. Nous roulions confortablement et, à notre grand soulagement, le cocher avait les yeux fermés. Soudain, mauvais rêve ou digestion malheureuse, il se réveilla, s'empara des rênes et, d'un mouvement adroit, il précipita un des chevaux dans le ravin. La bête resta miraculeusement suspendue par son harnachement. Le cocher ne parut ni surpris ni ennuyé. Je remarquai d'ailleurs que les chevaux eux-mêmes ne semblaient pas affolés par la situation. Nous sortîmes de la voiture et le cocher descendit de son siège d'où il sortit un énorme coutelas, sûrement placé là pour cet usage, avec lequel il coupa prestement les traits. Ainsi libéré, le cheval bascula et roula dans le précipice, jusqu'à ce qu'il rencontre de nouveau la route, quinze mètres plus bas. Là, il se remit sur pieds et nous attendit. Nous remontâmes en voiture et descendîmes avec un seul cheval à la rencontre de l'autre. Quand nous fûmes arrivés, à l'aide de morceaux de ficelle, notre cocher refit un harnachement sommaire et nous pûmes continuer notre chemin. Ce qui m'impressionna le plus, c'est qu'on aurait dit que cocher et chevaux avaient l'habitude de descendre les montagnes de cette façon. Il semblait évident que, pour eux, ce n'était qu'un bref entracte sans déplaisir. Je n'aurais pas été autrement surpris si le cocher nous avait demandé de nous arrimer solidement pour descendre jusqu'en bas en faisant des tonneaux.

Une autre particularité du cocher allemand, c'est qu'il n'essaye jamais de ralentir ou même de s'arrêter à l'aide des rênes. Il règle l'allure de son attelage seulement avec le frein de voiture. Pour faire du dix à l'heure il le serre légèrement, ce qui provoque un frottement sur la roue et produit un bruit continu, comme lorsqu'on affûte une scie. Pour obtenir le cinq à l'heure, il serre un peu plus fort, et vous roulez alors accompagné de cris et de grognements qui rappellent la symphonie du porc qu'on égorge. Enfin, s'il veut s'arrêter complètement, il le serre à fond. Si son frein est bon, il arrive à prévoir l'arrêt de son attelage en deux longueurs, à moins que le cheval ne soit doué d'une force au-dessus de la moyenne. Apparemment ni le cocher ni le cheval ne connaissent d'autres moyens d'arrêter l'attelage. Le cheval continue de tirer de toutes ses forces, jusqu'à ce qu'il sente qu'il n'est plus possible de déplacer la voiture ne serait-ce que d'un centimètre. Alors seulement, il se repose. Les chevaux des autres pays, eux, ne voient aucun inconvénient à s'arrêter quand on leur en suggère l'idée. J'en ai même connu certains qui semblaient heureux de marcher doucement. Sans doute le cheval allemand est-il fait pour une vitesse bien définie et lui est-il impossible d'en changer. Je ne rapporte que la stricte vérité quand j'affirme que j'ai vu, de mes yeux vu, un cocher allemand, les rênes posées sur le garde-boue, serrer son frein des deux mains pour éviter une collision.

A Waldshut, une de ces bourgades du XVIe siècle que le Rhin traverse dans son cours supérieur, nous tombâmes sur une de ces bizarreries très répandues sur le continent : le touriste anglais étonné et vexé que les étrangers ignorent les subtilités de sa langue. En arrivant à la gare, nous en vîmes un en train d'expliquer à un porteur dans un anglais parfait, en dépit d'une petite pointe d'accent du Sommersetshire, et pour la dixième fois à ce qu'il nous raconta, qu'il avait un billet pour Donauschingen, qu'il désirait se rendre en conséquence à Donauschingen pour voir les sources du Danube (qui n'y sont d'ailleurs pas contrairement à ce que l'on raconte). Il voulait qu'on expédie son vélo à Engen et ses bagages à Constance en attendant qu'il y arrive. L'effort de l'explication lui avait donné chaud et il était tout rouge de colère. Le porteur, quant à lui, pourtant très jeune, semblait, à ce moment-là, vieux et délabré. J'offris aussitôt mes services, ce que je regrette encore aujourd'hui ! Mais sûrement pas autant que cet abruti a dû le regretter plus tard. Les trois itinéraires, expliquait le porteur, étaient assez compliqués et nécessitaient des changements et des correspondances multiples ; par ailleurs, il ne nous restait que très peu de temps pour que l'on puisse donner calmement des explications au touriste, car notre train à nous partait seulement quelques minutes plus tard. Notre Anglais était volubile, ce qui n'est pas forcément la meilleure chose quand on veut tirer au clair un problème un peu compliqué ; le porteur, lui, n'était que pressé d'en finir au plus vite pour pouvoir respirer un peu. J'eus une lueur d'intelligence sur son problème, dix minutes plus tard, dans le train, en y réfléchissant un peu. Nous nous étions bien mis d'accord, avec le porteur, pour qu'il expédie le vélo à Immendingen, ce qui semblait la meilleure solution, mais nous avions complètement oublié de donner des instructions pour la réexpédition du vélo, plus tard, d'Immendingen. Si j'étais de tempérament angoissé, aujourd'hui encore je me ferais du mauvais sang à l'idée que ce vélo se trouve probablement encore à Immendingen. Mais j'ai assez de philosophie pour me résigner toujours à ne voir que le bon côté des choses. Le porteur a peut-être, de son propre chef, réparé cet oubli ; ou encore, un simple miracle a restitué le vélo à son propriétaire avant la fin de ses vacances ? Quant aux bagages, nous les avions envoyés à Radolfzell ; mais de ce côté-là, ce qui me rassure un peu, c'est que je suis sûr qu'ils portaient une étiquette marquée : CONSTANCE. Il ne fait donc aucun doute qu'après un moment, voyant qu'on ne les réclamait pas, la direction des chemins de fer les aura envoyés à Constance.

Mais cette digression n'a rien à voir avec la morale que j'entendais tirer de cette histoire. La réalité profonde de cette aventure, c'est l'indignation que cet Anglais avait ressentie en face d'un porteur allemand incapable de le comprendre. Quand nous nous étions adressés à lui, il nous avait manifesté cette indignation dans les termes les plus vifs :

– Je vous remercie beaucoup, avait-il dit. C'est pourtant simple. Je veux aller à Donauschingen en train ; de Donnauschingen j'irai à pied jusqu'à Geisengen. Là, je prendrai à nouveau le train pour Engen. Enfin, d'Engen, j'irai à Constance à vélo. Mais je ne veux pas transporter mes bagages avec moi. Je veux les retrouver à Constance en y arrivant. Depuis dix minutes j'essaie d'expliquer ça à cet abruti sans rien pouvoir en tirer.

– C'est en effet scandaleux, avais-je admis. Beaucoup de ces employés allemands ne connaissent même pas d'autre langue que la leur.

– Je lui ai pourtant tout expliqué, continua notre homme ; je lui ai montré l'indicateur ; je lui ai fait comprendre par gestes ; rien à faire !

– On a du mal à vous croire, répondis-je ; c'est pourtant simple !

Harris détestait cet homme. Il aurait aimé lui montrer combien il est idiot de voyager dans une contrée perdue en cherchant à faire des prouesses de correspondances, en chemin de fer, sans savoir un traître mot de la langue du pays. Mais je parvins à refréner son ardeur en lui montrant la cause formidable que cet homme était en train de servir sans s'en rendre compte.

Shakespeare et Milton ont fait leur possible pour faire connaître la langue anglaise jusque chez les peuples d'Europe les moins favorisés. Newton et Darwin ont, quant à eux, rendu l'anglais indispensable aux étrangers amoureux de culture et de réflexion. Dickens et Ouida (et combien seraient étonnés ceux qui pensent que l'univers littéraire se cantonne à New Grub Street de la place tenue par ce compatriote mysogyne) ont peut-être fait davantage encore pour rendre l'anglais populaire. Mais celui qui en répand le plus l'usage, du cap Saint-Vincent à l'Oural, c'est, sans conteste, le citoyen britannique moyen qui, incapable ou sans le moindre désir d'apprendre le plus petit mot d'une langue étrangère, traverse, bourse en main, tous les horizons du continent. On a le droit, bien sûr, d'être choqué par son ignorance, énervé par sa stupidité, exaspéré par sa prétention ; il n'en demeure pas moins que c'est lui qui anglicise l'Europe. Grâce à lui, le paysan suisse chemine dans la neige, les soirs d'hiver, pour assister au cours d'anglais dispensé dans chaque village. C'est grâce à lui que le cocher et le cheminot, la femme de ménage et la blanchisseuse se plongent dans leur grammaire anglaise et leurs manuels de conversation. C'est grâce à lui que les commerçants et les industriels étrangers envoient leurs enfants par milliers faire leurs études dans les écoles anglaises. C'est grâce à lui que chaque patron d'hôtel ou de restaurant mentionne sur son annonce : « Seuls seront retenus les candidats ayant une bonne connaissance de l'anglais. »

Si les races anglophones décidaient soudain d'apprendre d'autres langues, la formidable avancée de l'anglais dans le monde serait stoppée. Les anglophones, faisant sonner l'or dans leurs mains, parcourent les nations en disant :

– Voilà pour ceux qui savent l'anglais.

Ce sont eux les grands éducateurs. Théoriquement on devrait les blâmer, mais pratiquement nous leur tirons notre chapeau. Ce sont eux les vrais missionnaires de la langue anglaise.

CHAPITRE XII

Les instincts terre à terre des Allemands nous désolent. Une vue superbe, mais sans restaurant. L'opinion de l'homme du continent sur l'Anglais : il est incapable de se mettre à l'abri de la pluie. Arrivée d'un voyageur fatigué avec une brique. Le chien et sa chasse. Une résidence familiale peu désirable. Une contrée regorgeant de fruits. Un vieillard monte sur la montagne. George, inquiet de l'heure tardive redescend rapidement de l'autre côté. Harris le suit pour lui montrer le chemin. Je déteste me retrouver seul et je suis Harris. Prononciation conçue spécialement pour les étrangers.

La chose qui froisse le plus l'âme d'un Anglais raffiné, c'est cet instinct terre à terre des Allemands qui toujours les pousse à choisir un restaurant pour but de leurs excursions. Que ce soit au sommet des montagnes, au fond des gorges fantastiques, près des défilés déserts, sur le bord des chutes d'eau ou des fleuves majestueux, on trouve immanquablement une auberge pleine de monde. Comment apprécier la beauté d'un paysage au milieu de tables constellées de taches de bière ? Comment se laisser aller à des rêveries nostalgiques agressé par des odeurs de rôti de veau et d'épinards ?

Un jour, désireux d'élever un peu nos pensées, nous fîmes une promenade sur une colline à travers des bois touffus.

– Et, au sommet, déclama Harris avec un peu d'amertume, tandis que nous nous arrêtions pour souffler un peu et resserrer d'un cran nos ceintures, nous allons trouver un restaurant tout clinquant où les gens s'empiffreront de biftecks et de tartes aux prunes en buvant du vin blanc.

– Vous croyez ? dit George.

– J'en suis sûr, répondit Harris ; vous connaissez ces gens. Ils sont incapables de consacrer le moindre bosquet à la solitude et à la contemplation. Incapables de proposer à l'amoureux de la nature le plus petit sommet sans leur pollution grossière et matérialiste.

– Je pense que nous arriverons au sommet un peu avant treize heures si nous ne nous amusons pas en chemin, fis-je remarquer.

– Le déjeuner sera tout juste prêt, grogna Harris ; avec probablement une de ces truites au bleu qu'ils savent si bien faire par ici. On dirait qu'il n'est pas possible de penser à autre chose qu'à boire et à manger dans ce pays ! C'est à vous rendre fou !

Nous continuâmes notre chemin et les beautés du paysage nous firent oublier notre indignation. Mes calculs étaient exacts : à treize heures et quart, Harris, qui était en tête, s'écria :

– Nous y voilà ! Je vois le sommet.

– Et le restaurant ? dit George.

– Non, je n'en vois pas, répondit Harris. Mais

vous pouvez être sûrs qu'il y en a un, c'est même sûrement une véritable horreur !

Cinq minutes plus tard, nous nous arrêtions au sommet. Après nous êtes tournés successivement vers le nord, le sud, l'est et l'ouest, nous nous regardâmes.

– La vue est magnifique, dit Harris.

– Oui, magnifique, acquiesçai-je.

– Superbe ! dit George.

– Pour une fois, ils ont eu le bon goût de cacher le restaurant, dit Harris.

– On dirait bien, dit George.

– Quand on ne vous le colle pas directement sous le nez, c'est tout de même moins choquant, dit Harris.

– Bien sûr ! Bien placé, un restaurant, en soi, ce n'est pas un problème, fis-je observer.

– J'aimerais quand même bien savoir où ils l'ont mis, dit George.

– Si on le cherchait ? dit Harris soudain inspiré.

C'était une bonne idée. J'étais assez curieux de le découvrir. Nous décidâmes d'explorer toutes les directions et de nous retrouver au sommet pour connaître le résultat de nos recherches. Une demi-heure plus tard, nous étions à nouveau réunis. Inutile de parler. Nos expressions montraient suffisamment que nous venions de découvrir le seul coin d'Allemagne où l'idée de boire et de manger n'avait pas encore imposé sa souillure.

– Je ne pensais pas que c'était possible, dit Harris ; et vous ?

– Je crois que c'est le seul endroit du pays sans restaurant, répondis-je.

– Et c'est nous, trois pauvres étrangers, qui l'avons découvert, et sans le moindre effort, dit George.

– Enfin ! m'écriai-je. Par le plus heureux des hasards, nous pouvons enfin laisser s'épanouir nos sentiments éthérés sans être dérangés par la tyrannie de notre nature matérielle. Regardez cette luminosité sur les pics, n'est-ce pas ravissant ?

– A propos de nature, dit George, quel est le plus court chemin pour redescendre ?

– La route à gauche, répondis-je après avoir consulté la carte. Elle conduit à Sonnensteig où, soit dit en passant, l'Aigle d'or est chaleureusement recommandé. Nous pouvons y être en deux heures. Quant à la route de droite, un peu plus longue, elle offre des paysages beaucoup plus variés.

– Un panorama n'est jamais qu'un panorama, vous ne trouvez pas ? dit Harris.

– Bon, moi, dit George, je prends la route de gauche.

Et Harris et moi de le suivre.

Mais, au cours de notre descente, la progression fut moins rapide que nous l'avions pensé. Et les orages sont soudains dans ces régions. Après seulement un quart d'heure de marche, il devint urgent de chercher un abri si nous ne voulions pas passer le reste de la journée dans des vêtements mouillés. Nous choisîmes un arbre qui, normalement, aurait dû constituer une protection efficace. Mais un orage, en Forêt-Noire, n'est pas une chose normale. Au début, nous nous consolâmes en pensant qu'un orage de cette violence ne pouvait pas durer bien longtemps. Puis nous nous rassurâmes mutuellement en nous disant que s'il durait, malgré tout, nous serions vite assez trempés pour ne plus craindre de l'être davantage.

– Vu la tournure des événements, dit Harris, j'aurais presque été heureux qu'il y eût un restaurant, là-haut.

– Quant à moi, dit George, je ne vois pas l'intérêt qu'il y a à être à la fois mouillé et affamé. J'attends encore cinq minutes et je continue.

– Ces hautes solitudes, fis-je remarquer, ont un charme fou quand il fait beau. Quand il pleut, et surtout si vous avez passé l'âge de...

A cet instant, on entendit une voix qui nous hélait ; c'était celle d'un gros homme qui se tenait à vingt mètres de nous, abrité sous un grand parapluie.

– Vous ne voulez pas entrer ? demanda-t-il.

– Entrer où ? lui répondis-je, pensant tout d'abord qu'il s'agissait d'un de ces imbéciles qui essayent d'être drôles quand ce n'est vraiment pas le moment.

– Dans le restaurant ! répondit-il.

Nous quittâmes notre abri et courûmes vers lui pour obtenir de plus amples informations au sujet de ce restaurant.

– Je vous ai appelés de la fenêtre, dit le gros homme comme nous arrivions près de lui. Mais j'imagine que vous ne m'entendiez pas. Cet orage risque bien de durer encore une heure. Vous allez finir par être *très* mouillés.

C'était un vieux monsieur sympathique qui avait l'air très soucieux de notre sort.

– C'est très gentil à vous d'être venu, dis-je. Ne croyez pas que nous soyons complètement fous. Nous ne sommes pas restés pendant tout ce temps sous cet arbre en sachant qu'il y avait près de nous un restaurant caché dans les arbres.

– C'est bien ce que je me disais, répondit l'homme, et c'est pourquoi que je suis venu.

Tout le monde, dans le restaurant, nous avait épiés par la fenêtre, se demandant bien pourquoi nous restions sous la pluie avec cet air si misérable. Sans ce bon vieux bonhomme, ces imbéciles nous auraient regardés, je crois, tout l'après-midi. L'hôte s'excusa, disant qu'il nous avait pris pour des Anglais. (Ce n'était pas une figure de style : sur le continent, on pense sincèrement que tous les Anglais sont fous. On en est intimement convaincu, de la même manière que les paysans anglais pensent que les Français vivent de grenouilles. Vous avez beau faire des efforts pour les en dissuader, rien n'y fait.)

C'était un de ces petits restaurants confortables, à la cuisine soignée et où le vin est tout à fait convenable. Nous y restâmes environ deux heures, à nous restaurer et à nous sécher en parlant du paysage. Au moment où nous allions sortir, survint un de ces incidents qui montrent à quel point les forces du mal, dans ce monde, l'emportent sur celles du bien.

Un voyageur entra. Il semblait accablé de soucis. Il tenait une brique attachée au bout d'une ficelle. Il s'engouffra précipitamment, nerveusement, et referma la porte derrière lui avec précaution. Il vérifia qu'elle était bien fermée, observa longtemps et soigneusement par la fenêtre puis, avec un soupir de soulagement, il posa sa brique sur le banc à côté de lui et demanda à boire et à manger.

Il y avait beaucoup d'étrangeté dans son comportement. On se demandait bien ce qu'il comptait faire de cette brique. Pourquoi avait-il refermé la porte avec autant de précaution ? Pourquoi avait-il regardé par la fenêtre avec une telle anxiété? Il était d'aspect tellement minable qu'on n'avait cependant aucune envie d'engager la conversation avec lui, et nous ne lui posâmes par conséquent aucune question. Tout en mangeant et buvant, il semblait se rasséréner et il soupirait moins souvent. Peu à peu il s'apaisa tout à fait, puis, allongeant les jambes, il alluma un cigare malodorant et le fuma avec recueillement et satisfaction.

C'est alors que l'événement se produisit. Et il se produisit d'une manière si soudaine qu'il est impossible d'en faire une relation détaillée. Je me souviens qu'une *Fraulein* venant de la cuisine entra dans la salle, une poêle à la main. Je la vis qui se dirigeait vers la porte quand, soudain, toute la pièce fut sens dessus dessous. Ça rappelait un peu ces spectacles-métamorphoses où l'on passe d'un décor de nuages mouvants, de musiques douces, de fleurs ondulant sous la brise, de fées alanguies, à un univers de policiers tonitruants tombant au milieu de bébés hurleurs et de masques, se battant contre des arlequins et des clowns à coups de tartes à la crème. Au moment où elle atteignait la porte, celle-ci fut poussée si fortement qu'on aurait dit que tous les esprits du mal s'étaient massés derrière elle dans l'attente de ce moment. Deux cochons et une poule se ruèrent aussitôt dans la salle. Un chat, qui jusque-là dormait sur un tonneau de bière, se mit de la partie. La jeune fille projeta sa poêle en l'air et s'étala par terre de tout son long. L'homme à la brique bondit sur ses pieds en renversant sa table et tout ce qui était dessus.

Tout le monde cherchait à comprendre la cause de ce désastre : c'était un chien, un bâtard de terrier aux oreilles pointues et à queue d'écureuil. Le patron s'élança pour essayer de le faire sortir à coups de pied mais ce fut l'un des deux cochons qui écopa. Le plus gros. C'était un coup de pied vigoureux et bien placé et le cochon l'encaissa dans sa totalité. Il n'en perdit pas une once. On aurait presque eu pitié du pauvre animal ; quelle que fût, d'ailleurs, la compassion qu'on ressentait pour lui, elle n'était nullement comparable à celle qu'il éprouvait pour lui-même. Il cessa de courir et s'assit au milieu de la pièce en prenant à grands cris le ciel à témoin de l'injustice qu'on venait de commettre envers lui. Toutes les vallées à la ronde ont dû retentir de ses plaintes et se demander quel cataclysme était en train de se produire dans les montagnes.

La poule, quant à elle, se précipitait en caquetant dans toutes les directions. C'était un volatile merveilleux. On l'aurait crue capable de grimper sans peine sur un mur à pic et, avec le chat, elle réussit à faire tomber tout ce qui n'était pas encore à terre. En moins de quarante secondes on put voir neuf personnes, dans la pièce, essayant de chasser le chien à coups de pied. Il est certain que, par moment, l'un ou l'autre touchait au but, car le chien changeait alors ses aboiements en hurlements. Mais il n'abandonnait pas pour si peu, persuadé, sans doute, qu'ici-bas tout se paie et, à plus forte raison, une chasse au cochon et à la poule. Tout compte fait, le jeu en valait bien la chandelle.

Le chien avait également la satisfaction d'observer que, pour chaque coup de pied qu'il recevait, la plupart des protagonistes en encaissaient deux (quatre même pour le malheureux cochon qui restait sur place, assis, à se lamenter au milieu de la pièce). Essayer d'atteindre le chien d'un coup de pied semblait aussi impossible que de jouer au football avec un ballon invisible. Ce n'est pas au moment où vous lanciez le coup de pied que le chien fuyait, mais seulement quand le coup était parti et qu'il était trop tard pour l'arrêter ; alors, l'élan se poursuivant, il ne vous restait qu'à souhaiter à votre pied de rencontrer quelque chose de solide pour l'arrêter, sinon vous vous retrouviez assis par terre, et définitivement, dans un formidable tintamarre. Parvenait-on à atteindre le chien ? C'était pur accident et au moment où l'on ne s'y attendait plus. Et c'était tellement inopiné que, en général, après l'avoir touché on tombait sur lui. Ajoutons à ça que chacun, toutes les trente secondes, ne pouvait faire autrement que s'écrouler sur le cochon, celui qui restait assis et qu'il était impossible de ne pas avoir dans les jambes à un moment ou à un autre.

Combien de temps dura cette mêlée, je ne peux le dire. C'est le bon sens de George qui y mit fin. Depuis un moment, il essayait d'attraper non pas le chien mais le deuxième cochon, celui qui était encore capable de bouger. L'acculant dans un coin de la pièce, il réussit à le convaincre de cesser sa course à l'intérieur pour aller faire un tour dehors. Le cochon s'enfuit enfin par la porte dans une longue plainte.

Nous voulons toujours ce que nous n'avons pas : le cochon, la poule, neuf personnes et le chat ne pesèrent pas lourd dans l'esprit du chien, comparés au gibier qui s'enfuyait : il le poursuivit donc comme un fou et George referma aussitôt la porte sur lui et tira le verrou.

Alors, le patron se leva et se mit à inventorier les objets qui jonchaient le sol.

– Vous avez un chien très ludique, dit-il à l'homme à la brique.

– Ce n'est pas mon chien, répondit l'homme d'un ton maussade.

– Ah ! et il est à qui, s'il vous plaît ? demanda le patron.

– Je ne sais pas.

– On ne me la fait pas, répondit l'hôte en ramassant un portrait de l'empereur d'Allemagne et en le débarrassant des taches de bière avec la manche de sa veste.

– Bon, j'étais sûr que ça ne prendrait pas, dit l'homme. Je n'ai jamais cru, d'ailleurs, que ça pouvait prendre. J'en ai assez de dire à tout le monde que ce n'est pas mon chien. Personne ne me croit jamais.

– Mais, si ce n'est pas votre chien, pourquoi vous promenez-vous avec lui, dit le patron. Qu'a-t-il donc de si attachant ?

– Je ne me promène pas avec lui, répondit l'homme ; c'est lui qui se promène avec moi. Il m'a rencontré ce matin à dix heures et ne veut plus me quitter depuis. Quand je suis entré chez vous, je croyais que je m'en étais enfin débarrassé. Je l'avais laissé en train de faire un sort à un canard, à environ un quart d'heure d'ici. J'aurai d'ailleurs sûrement quelque chose à payer pour ça, quand je repasserai dans le coin, tout à l'heure.

– Vous n'avez pas essayé de lui jeter des pierres ? demanda Harris.

– Si j'ai essayé de lui jeter des pierres ? répondit l'homme avec mépris. Je lui en ai jeté jusqu'à ce que je ne sente plus mon bras. Mais il croit que c'est un jeu et il les rapporte. Je trimballe cette satanée brique depuis bientôt une heure dans l'espoir de le noyer mais il ne s'approche jamais suffisamment de moi pour que je puisse l'attacher à son cou. Il s'assied toujours hors de portée et reste là à me regarder.

– Il y a longtemps que je n'avais pas entendu quelque chose d'aussi drôle, dit le patron.

– Je suis content de voir que ça amuse quelqu'un, dit l'homme.

Nous le laissâmes aider le patron à ramasser les objets brisés qui gisaient à terre et reprîmes notre route. A une quinzaine de mètres de l'auberge, le fidèle animal attendait son ami. Il avait l'air fatigué mais heureux. C'était visiblement un chien à l'humeur fantasque et soudaine et nous craignîmes, un moment, qu'il ne se prenne d'affection pour nous. Mais il nous laissa passer avec indifférence. Sa loyauté envers cet homme qui ne le payait pas de retour était touchante et nous n'osâmes pas la contrarier.

En ayant fini avec la Forêt-Noire, et à notre grande satisfaction, nous décidâmes de nous rendre à vélo à Munster par Vieux-Brisach et Colmar. De là, nous partirions pour une excursion dans les Vosges où, aux dires de l'actuel empereur d'Allemagne, s'arrête l'humanité.

Forteresse construite autrefois sur des rochers, avec le fleuve qui la borde tantôt d'un côté tantôt de l'autre – dans son incertaine jeunesse, le Rhin semble n'avoir jamais été bien sûr de son cours – Vieux-Brisach devait être agréable aux amoureux de changement et d'émotions. Que la guerre fût déclarée pour une raison ou une autre, contre un adversaire ou un autre, Vieux-Brisach, immanquablement, en était. Tout le monde l'assiégea, beaucoup le prirent, la plupart le perdirent à nouveau ; personne n'a été capable de le conserver. Les habitants de Vieux-Brisach ne purent jamais affirmer de qui ils étaient les sujets, ni ce qu'ils étaient vraiment. Français ? Ils avaient à peine appris le peu de mots nécessaire pour payer leurs impôts qu'ils devenaient autrichiens. Le temps de découvrir ce qu'il convenait de faire pour être de bons Autrichiens, ils s'apercevaient qu'ils ne l'étaient plus ! Ils étaient devenus allemands. Quant à savoir auquel des douze états allemands ils appartenaient ils ne purent jamais le deviner. Un matin ils se réveillaient catholiques, le lendemain ils se retrouvaient huguenots convaincus. La seule chose qui ait pu leur paraître d'une constante stabilité fut la lourdeur des impôts qu'ils durent de tout temps acquitter pour avoir le droit d'être ce qu'ils étaient. Quand on pense à tout ça, on se demande comment les gens, au Moyen Age, hormis les rois et les collecteurs d'impôts, ont pu seulement se donner la peine de vivre.

Pour la variété et la beauté des paysages, on ne peut comparer les Vosges aux hauteurs de la Forêt-Noire. Du point de vue du tourisme, c'est leur grande pauvreté qui leur confère autant de charme. Le paysan des Vosges n'a jamais cet air de prospérité satisfaite, bien peu romantique en vérité, qui enlaidit son vis-à-vis d'outre-Rhin. Les fermes et les villages y ont bien davantage le charme des choses qui vont disparaître. L'autre intérêt de cette région, ce sont ses ruines. Beaucoup de châteaux sont perchés à des endroits où seuls les aigles semblent pouvoir bâtir. D'autres encore, commencés sous les Romains et finis au temps des troubadours, ne laissent voir aujourd'hui que le dédale de leurs pans de murs entre lesquels on peut se promener pendant des heures.

Le marchand de fruits et légumes est un personnage inconnu dans les Vosges. Toutes les plantes qu'il pourrait vendre y poussent à l'état sauvage et il suffit de les cueillir. C'est pour cette raison, d'ailleurs, qu'on ne peut jamais respecter son horaire quand on se promène dans cette région. Par une belle journée ensoleillée, la tentation de s'arrêter pour manger des fruits est toujours la plus forte. Des framboises (les meilleures que j'aie jamais mangées), des fraises des bois, des groseilles et des groseilles à maquereau poussent sur les versants des collines comme les mûres le long des sentiers d'Angleterre. Les enfants des Vosges ne sont jamais tentés de voler dans un verger. Ils ont de quoi se rendre malades sans commettre le moindre larcin. Il y a pourtant des vergers en grand nombre, mais y pénétrer pour voler des fruits serait stupide ; un peu comme si un poisson essayait d'entrer dans une piscine sans billet. Il peut arriver aussi qu'on se trompe.

Un après-midi, après une montée un peu raide, nous atteignîmes un plateau. Nous y restâmes peut-être un peu trop longtemps, nous attardant à manger plus de fruits qu'il n'aurait fallu. Il y en avait une telle profusion autour de nous et si variés ! Nous avions commencé par quelques fraises tardives et nous venions de nous attaquer aux framboises quand Harris découvrit un prunier couvert de reines-claudes mûres à point.

– Nous ne pouvions rien trouver de meilleur, dit George ; profitons-en !

Et cela nous sembla, ma foi, une bonne idée.

– Dommage que les poires soient encore vertes, dit Harris.

Il s'en affligea un moment, le temps de découvrir un mirabellier avec des fruits d'une si remarquable saveur qu'ils le consolèrent quelque peu.

– Je crois, dit George, que nous sommes un peu

au nord pour trouver des ananas. J'ai pourtant l'impression qu'un ananas frais me ferait le plus grand bien. Ces fruits communs perdent assez vite leur charme.

– Le défaut de cette région, c'est qu'on y trouve trop de baies et pas assez de vrais fruits, dit Harris. Pour ma part j'aurais préféré plus de reines-claudes.

– Il y a quelqu'un qui monte le coteau, fis-je observer. On dirait bien un indigène. Il connaît peut-être un endroit où l'on trouvera d'autres reines-claudes ?

– Il marche bien pour son âge ! fit remarquer Harris.

Effectivement, l'homme gravissait la colline d'un pas vif. De l'endroit où nous étions, il paraissait de fort bonne humeur, chantant, criant à tue-tête et gesticulant.

– Quel tempérament joyeux ! dit Harris. Mais pourquoi porte-t-il son bâton sur l'épaule au lieu de s'en servir de canne ?

– J'ai l'intuition que ce n'est pas un bâton, dit George.

– Et ce serait quoi, d'après vous ? demanda Harris.

– Eh bien, ça m'a tout l'air d'un fusil, dit George.

– Vous ne craignez pas qu'on ait fait quelque bêtise ? demanda Harris. Vous n'avez pas l'impression que l'endroit fait un peu penser à un verger ?

– Vous vous rappelez, dis-je, cette sale affaire qui s'est passée dans le Midi de la France, il y a environ deux ans ? L'histoire de ce soldat qui avait cueilli quelques cerises en passant le long d'un enclos et que le propriétaire avait tué d'un coup de fusil sans sommation ?

– On n'a sûrement pas le droit de tuer quelqu'un d'un coup de fusil parce qu'il vole des fruits, dit George ; même en France !

– Bien sûr que non, répondis-je, et c'était tout à fait illégal. La seule excuse que fournit l'avocat fut que le paysan devenait irascible quand on s'attaquait à ses cerises préférées.

– Maintenant que vous y faites allusion, dit Harris, ça me revient. Je crois même que le district – la commune comme on dit en France – avait été condamnée à payer de lourds dommages-intérêts à la famille du soldat tué. Ce n'était que justice.

– Finalement, je crois que j'en ai assez de cet endroit, dit George. Et puis il se fait tard, je rentre !

– S'il continue, dit Harris en regardant l'homme qui montait vers nous, il va se casser la figure. De plus, on dirait qu'il ne connaît même pas son chemin.

Et il commença lui aussi à redescendre.

Je me sentis soudain bien seul sur ce plateau, abandonné de tous, avec personne à qui parler. D'autre part, depuis ma plus tendre enfance, je ne me souvenais pas avoir goûté à ce merveilleux plaisir de dévaler une pente raide à toute allure. Et je me demandais si j'y éprouverais toujours la même exaltation. C'est un exercice assez violent mais il paraît que c'est excellent pour le foie.

Cette nuit-là, nous dormîmes à Barr. C'est une

jolie petite ville sur la route de Sainte-Odile, un ancien couvent perdu dans la montagne où ce sont des religieuses qui vous servent et un prêtre qui vous fait l'addition.

A Barr, un peu avant le dîner, un touriste entra dans l'auberge. Il avait l'air d'un Anglais mais parlait une langue que je n'avais encore jamais entendue. Une langue d'ailleurs très élégante et fort agréable à entendre. L'aubergiste le regarda d'un air ahuri pendant que sa femme opinait du bonnet. L'homme lâcha un soupir de lassitude et essaya d'une autre langue qui réveilla en moi des souvenirs lointains, perdus, que je ne pus pas très bien localiser sur le moment. Cette fois encore personne ne le comprit.

– Mais c'est odieux à la fin, dit-il enfin à intelligible voix.

– Ah ! vous êtes anglais, s'exclama l'aubergiste en s'épanouissant.

– Et Monsieur a l'air fatigué, ajouta l'hôtesse, une petite bonne femme enjouée. Monsieur désire-t-il dîner ?

Tous deux parlaient couramment l'anglais ; presque aussi bien que le français et l'allemand. Ils se mirent en devoir de le mettre à l'aise.

A table, il se retrouva à mes côtés et j'engageai la conversation.

– Dites-moi, s'il vous plaît (car le sujet m'intéressait beaucoup), quelle langue parliez-vous tout à l'heure ?

– L'allemand.

– Je vous demande pardon ?

– Vous ne me compreniez pas ?

– C'est sans doute de ma faute, répondis-je ; mes connaissances en langues sont très limitées. On apprend quelques mots à droite, à gauche, en voyageant, mais bien sûr ce n'est pas comme vous.

– Mais *ils* ne m'ont absolument pas compris, eux non plus, répondit-il, l'aubergiste et sa femme ! Et c'est pourtant leur propre langue.

– Je ne crois pas, dis-je. Par ici, ce sont les enfants qui parlent allemand. Notre aubergiste et sa femme le comprennent en gros, mais partout à travers l'Alsace et la Lorraine les vieilles personnes parlent encore français.

– Mais je leur ai parlé en français également, ajouta-t-il. Ils ne m'ont pas compris davantage.

– C'est en effet très curieux, acquiesçai-je.

– C'est plus que curieux, répondit-il ; j'ajouterais même que dans mon cas c'est incompréhensible. Je suis diplômé en langues modernes. J'ai même obtenu ma bourse grâce à mon niveau en français et en allemand. La correction de ma syntaxe et la pureté de ma prononciation ont fait l'admiration de tous à l'université. Et pourtant, quand je viens sur le continent, personne ne comprend un traître mot de ce que je dis. Vous avez une explication ?

– Je crois que j'ai quelques idées sur la question, répondis-je. C'est votre prononciation qui est *trop* parfaite. Rappelez-vous les mots de cet Écossais, la première fois qu'il goûta un vrai whisky : « Il est peut-être *pur*, mais je ne peux pas le boire. » C'est la même chose avec votre allemand. Il ressemble plus à une démonstration qu'à un véritable langage. Si j'osais, je vous donnerais ce conseil : prononcez aussi mal que possible et truffez vos phrases d'autant de fautes que vous le pouvez.

C'est partout la même chose. Chaque pays possède une manière de prononcer strictement réservée aux étrangers. Cette prononciation, à laquelle il ne leur viendrait jamais, à eux, l'idée de se conformer, lorsqu'on l'utilise devant eux, ils ne la comprennent d'ailleurs même pas. Un jour, il me fut donné d'entendre une Anglaise expliquer à un jeune Français comment prononcer le mot *have*.

– Vous le prononcez, disait la dame sur un ton de reproche, comme si on écrivait *h, a, v*. Et ce n'est pas le cas. Il y a un *e* à la fin.

– Mais je croyais, répondait l'élève, qu'on ne prononçait pas le *e* à la fin de *have*.

– On ne doit pas le prononcer, en effet, expliquait le professeur, car c'est ce que l'on appelle un *e* muet. Mais ce *e* a une influence sur la prononciation de la voyelle précédente.

Jusqu'ici, notre élève avait toujours dit *have* de façon intelligible. A partir de ce jour, quand il lui arrivait de prononcer ce mot, il devait s'arrêter et rassembler ses esprits avant d'émettre un son que seul le contexte permettait de comprendre.

Hormis les premiers martyrs de l'Église, peu d'hommes ont enduré, je pense, ce que j'ai moi-même enduré en tentant de prononcer correctement le mot allemand qui signifie église : *Kirche*. Longtemps avant d'y parvenir, je m'étais bien promis de ne jamais entrer dans une église, en Allemagne, plutôt que de me rendre malade en essayant de prononcer ce mot.

– Non, non, expliquait mon professeur qui était un homme très consciencieux ; vous prononcez comme si ça s'écrivait *K, i, r, c, h, k, e.* Mais il n'y a pas de *k.*

Et, pour la vingtième fois de la matinée, il essayait d'imager pour moi comment on devait prononcer ce mot. Le problème, c'est qu'il n'y avait aucune raison que je puisse sentir la différence entre sa manière de prononcer et la mienne. Alors, il essayait d'autres méthodes.

– Prononcez le mot du fond de la gorge, expliquait-il. (C'était bien de là que j'essayais de le prononcer !) Je voudrais que vous le fassiez sortir de plus bas encore.

Et de son index grassouillet, il me désignait la région d'où j'aurais dû faire partir le son.

Après de pénibles efforts, qui ne parvenaient qu'à faire naître des bruits incongrus qui évoquaient tout sauf un lieu de culte, je m'excusai :

– Je crois que je n'y arriverai jamais, dis-je. Il faut vous dire que depuis toujours j'ai constamment parlé avec ma bouche. Je n'ai d'ailleurs jamais rencontré quelqu'un qui parle avec son estomac, et j'ai bien l'impression que pour moi il est trop tard pour apprendre.

J'ai passé des heures à m'exercer dans des coins sombres, dans des rues silencieuses où j'effrayais les rares passants. Enfin, un jour, je réussis à prononcer ce mot correctement. Mon professeur en fut ravi, et moi aussi... avant d'avoir mis les pieds en Allemagne. Mais, en arrivant dans ce pays, je découvris que personne ne me comprenait quand je prononçais ce mot-là. C'est pourquoi je ne pus jamais m'approcher d'une église. Quand, au prix de nouveaux efforts, j'abandonnai la prononciation correcte pour revenir à ma prononciation vicieuse d'autrefois, je pus enfin voir les visages s'illuminer et les gens me répondre, selon le cas : « C'est juste au coin », ou « Au bout de la prochaine rue ».

Je pense qu'on ferait bien mieux d'enseigner la prononciation des langues étrangères sans demander aux élèves ces acrobaties quasi impossibles et, en tout cas, toujours inutiles. Voici le genre de recommandations qu'on peut entendre :

– Appuyez vos amygdales contre la partie inférieure de votre larynx. Maintenant, avec la partie convexe de votre cloison buccale, mais pas tout à fait recourbée, presque à toucher votre luette, essayez, du bout de la langue, d'atteindre le corps thyroïde ; prenez une profonde inspiration, comprimez votre glotte et, sans desserrer les lèvres, dites : « Garou. »

Et si jamais vous parvenez à le prononcer, on n'en est pas plus satisfait pour autant.

CHAPITRE XIII

Étude du comportement et du caractère de l'étudiant allemand. La Mensur *(le duel d'étudiants). Usages et abus. Les idées d'un impressionniste. L'ironie de la chose. Recette pour faire des sauvages. La jeune Allemande : son goût particulier des visages. La* Kneipe *(Taverne). Comment* « frotter une Salamandre ». *Conseils à un étranger. Histoire, qui aurait pu mal finir, de deux maris et de leur femme plus un célibataire.*

Sur le chemin du retour, nous avions décidé d'ajouter à notre circuit une ville universitaire allemande pour avoir un aperçu de la vie étudiante ; curiosité qui fut satisfaite grâce à la gentillesse de quelques amis allemands.

En Angleterre, un jeune homme s'amuse jusqu'à quinze ans puis il travaille jusqu'à vingt. En Allemagne, c'est l'enfant qui travaille et le jeune homme qui s'amuse. L'enfant allemand va à l'école à sept heures du matin en été, à huit heures en hiver. Et, à l'école, il travaille. Le résultat, c'est qu'à seize ans il a de sérieuses connaissances en mathématiques, qu'il connaît bien ses classiques, qu'il sait autant d'histoire qu'un futur politicien est censé en savoir. Enfin, il possède un bon niveau en langues étrangères modernes. (C'est d'ailleurs pour toutes ces raisons que huit semestres universitaires, pendant quatre ans, sont bien inutilement longs pour les étudiants allemands ; sauf pour ceux qui se destinent au professorat.) Notre étudiant ne fait beaucoup de sport, ce qui est dommage car il y excellerait sûrement. Il fait un peu de football, du vélo, mais il préfère nettement le billard qu'il pratique très souvent dans des salles enfumées. D'une manière générale, la plupart des étudiants allemands passent leur temps à se promener, à boire de la bière et à se battre. Si c'est un fils à papa, il entre dans un *Korps* (environ quatre cents livres par an pour un *Korps* élégant). S'il appartient à la classe moyenne, il s'enrôle dans un *Burschenschaft* ou, et c'est encore moins cher, dans un *Landsmannschaft*. Ces corporations sont elles-mêmes divisées en sous-groupes où l'on s'efforce de réunir les jeunes gens par région. Il y a les Souabes, les Franconiens – qui descendent des Francs –, les Thuringiens, etc. En fait, bien sûr, le résultat n'est pas aussi homogène qu'on pourrait le penser (comme chez nous où je crois bien que la moitié de nos régiments de Hightlanders écossais est composée de Londoniens) mais c'est quand même très pittoresque de voir ces universités divisées en une douzaine d'organisations, très autonomes, chacune avec ses propres couleurs, sa casquette et, ce qui est encore plus important, sa brasserie attitrée dans laquelle nul ne se risquerait jamais sans arborer les couleurs du groupe.

L'activité essentielle de ces corporations étudiantes, c'est d'organiser des combats en leur sein ou entre organisations rivales. Ce qu'on appelle la fameuse *Mensur*.

La *Mensur* a été si souvent et si minutieusement décrite que je n'ennuierai pas mes lecteurs en y apportant mon grain de sel. Je jouerai simplement les impressionnistes et surtout je donnerai mon sentiment sur ma première *Mensur*, car je suis convaincu que la première impression est toujours la meilleure. En tout cas plus authentique que les opinions qu'on se forge au contact des autres.

Un Français ou un Espagnol chercheront naturellement à vous persuader que les corridas ont été instituées dans l'intérêt des taureaux et que le cheval, dont vous jureriez qu'il hurle de douleur, est tout bonnement en train de s'esclaffer au spectacle désopilant de ses entrailles éparpillées. Votre ami français, ou espagnol, vous opposera sa mort glorieuse et excitante, dans l'arène, à la brutalité et au sang-froid de l'abattage chez l'équarisseur. Si vous n'avez pas la tête bien accrochée, vous repartirez de là avec la ferme intention de créer, en Angleterre, une association pour l'instauration des corridas comme modèle de chevalerie. Il ne fait aucun doute que Torquemada était convaincu de la longanimité de l'Inquisition : pour un gros accusé souffrant de goutte ou de rhumatisme, une heure de question avec brodequin ou chevalet devait être une opération évidemment très salutaire. Il devait en sortir avec les articulations beaucoup plus lâches et plus élastiques – sûrement –

qu'il ne les avait jamais senties depuis des années. Les chasseurs anglais, de leur côté, au cours d'une partie de chasse, considèrent le renard comme un animal digne d'envie : une journée durant, on lui procure un excellent divertissement pendant lequel il est la vedette de l'attraction.

La coutume nous cache bien souvent ce que nous désirons ne pas voir.

Un Allemand sur trois rencontrés dans la rue porte et portera jusqu'à la tombe les marques des vingt ou cent duels qu'il a disputés quand il était étudiant. Dès la maternelle, l'enfant allemand joue à la *Mensur* et continue plus tard au collège. Les Allemands sont même arrivés à se persuader que cette pratique n'est ni brutale, ni choquante, ni dégradante ; ils sont d'avis que, pour la jeunesse, c'est l'école du sang-froid et du courage. Cet argument pourrait être de poids dans un pays où tout le monde est soldat ; mais les qualités du lutteur sont-elles bien celles qu'on demande au soldat ? Il est permis d'en douter. La promptitude et l'agilité sont sûrement plus utiles sur un champ de bataille qu'un tempérament indifférent aux coups et une absence de jugeotte comme on peut en voir souvent chez ces duellistes. En fait, l'étudiant allemand ferait montre d'un courage bien plus grand en s'abstenant de se battre, puisqu'il ne le fait jamais pour son plaisir. Il ne se bat que pour obéir à un préjugé. Et un préjugé vieux de deux cents ans et plus.

Tout ce qu'il gagne à pratiquer la *Mensur*, c'est de

devenir un peu plus brutal et grossier. Peut-être y doit-il faire montre d'habileté – on l'affirme – mais ça ne se remarque pas du tout. Ce duel, en réalité, n'est qu'une exhibition médiévale avec épée à deux mains, comme on en peut voir dans les cirques ; la démonstration – réussie – d'une tentative pour combiner le risible au déplaisant. A Bonn-l'aristocratique, où l'on fait plus de cas du bon goût, et à Heidelberg, où l'on rencontre plus de visiteurs étrangers, la *Mensur* est sans doute plus protocolaire. Je me suis laissé dire que le duel s'y déroulait dans des appartements somptueux ; que des médecins chevronnés s'occupaient des blessés ; que des laquais en livrée servaient une collation et que l'affaire y était menée avec un décorum qui ne manque pas de grandeur. Mais dans les universités plus essentiellement allemandes, où les étrangers sont rares (et où l'on ne fait rien pour les attirer), on s'en tient aux gestes rudimentaires du combat et ce n'est pas du tout engageant. C'est même si peu engageant que je conseillerais au lecteur d'éviter d'en lire seulement la description. Il n'est pas possible de rendre un tel sujet plaisant et je n'ai pas très envie de m'y essayer.

La pièce est nue et sordide. Les murs sont maculés de taches de bière, de sang et de cire de bougie. Le plafond est noirci par la fumée, le plancher couvert de sciure. Une foule d'étudiants rigolards, fumant et pérorant, certains assis par terre, d'autres debout sur des chaises ou des bancs, forme le décor.

Au milieu, les combattants sont face à face, comme les samouraïs qu'on peut voir sur les plateaux à thé japonais. Loufoques et empotés, avec leurs grosses lunettes de protection, le cou enveloppé d'écharpes épaisses, le corps tapissé de coussins qui ont l'air de vieux matelas sales, les bras capitonnés levés au-dessus de leur tête, ils ressemblent à d'extravagants sujets de pendules. Leurs seconds, plus ou moins rembourrés eux aussi, la tête protégée par de larges casques de cuir, les disposent à la place convenable. L'arbitre se met en position et le signal est donné. Aussitôt, on entend cinq ou six chocs des grandes épées et, dès lors, il n'y a plus aucun intérêt à suivre le déroulement du duel. Ni pugnacité, ni adresse, ni élégance. (Je parle, bien sûr, d'après mes propres impressions.) C'est toujours le plus fort qui gagne, c'est à dire celui qui, le plus longtemps, peut tenir cette grande épée peu maniable, sans faiblir, à l'attaque comme à la défense.

La seule curiosité c'est le spectacle des blessures. Elles sont généralement infligées aux mêmes endroits : au sommet de la tête ou sur le côté droit du visage. De temps en temps on peut voir un morceau de cuir chevelu ou un lambeau de joue voler à travers la pièce. Son propriétaire – ou, pour parler plus correctement, son ex-propriétaire – le ramasse alors et le range dans une enveloppe d'où il l'exhibera lors des banquets, les soirs prochains. De chaque blessure s'échappent des flots de sang qui inondent les médecins, les seconds et les spectateurs. Ça gicle au plafond et sur les murs, ça imbibe les combattants et ça forme des mares dans la sciure. A la fin de chaque round, les médecins se précipitent, les mains dégoulinantes de sang, pour panser les plaies ouvertes et les éponger avec de petits tampons d'ouate que des infirmiers leur tendent sur un plateau. Dès que les combattants reprennent le duel, le sang jaillit de nouveau, les aveuglant à moitié et rendant le sol glissant sous leurs pieds. De temps en temps, on peut voir un éudiant, les dents découvertes jusqu'à l'oreille, souriant d'un côté à la moitié des spectateurs, tandis que l'autre partie de son visage reste imperturbable. Parfois, le nez fendu d'un garçon lui donne, quand il combat, un air bizarrement dédaigneux.

L'espoir de chaque étudiant est de quitter l'Université avec le plus de cicatrices possibles. Je pense donc qu'on ne changera jamais cette manière de combattre. Le grand vainqueur est celui qui sort du combat avec le plus grand nombre de blessures. Alors, recousu et raccommodé au point de ne plus ressembler qu'à l'ébauche d'un être humain, il se pavanne, le mois suivant, provoquant l'envie de la jeunesse allemande et l'admiration des jeunes filles. Celui qui n'obtient que des blessures légères, en revanche, n'a plus qu'à se retirer, confus et déçu.

Le combat en lui-même n'est pourtant que le prélude à la plaisanterie. Le deuxième acte a lieu dans les vestiaires. Les médecins ne sont en général que des étudiants tout juste diplômés et impatients d'exercer. La vérité m'oblige à dire que ceux que j'ai vus opérer me semblèrent des garçons plutôt vulgaires qui avaient l'air de prendre grand plaisir à leur boucherie. Sans doute ne faut-il pas les blâmer. Tout ça fait partie d'un rite où il convient d'infliger le maximum de souffrances au patient (et un vrai médecin aurait bien évidemment scrupule à se prêter à ce genre de pratiques). La manière dont le blessé endure les « soins » compte autant que le courage avec lequel il a supporté les coups. Chaque opération doit s'effectuer avec la plus grande brutalité possible et les compagnons du patient scrutent minutieusement chaque geste pour voir si celui-ci supporte l'épreuve d'un air constant, serein et joyeux. Ce dont ils rêvent tous follement, c'est d'une blessure bien nette et largement béante. On la suture alors le plus gauchement que l'on peut dans l'espoir que la cicatrice restera visible toute la vie. L'heureux porteur d'une telle estafilade, judicieusement maltraitée et meurtrie pendant toute une semaine, peut légitimement espérer une épouse largement dotée.

Ces *« Mensuren »* ont lieu généralement deux fois par semaine, ce qui fait que les étudiants allemands se battent vingt ou trente fois dans l'année. D'autres combats encore sont organisés, auxquels les visiteurs ne sont pas admis. Par exemple, dans le cas où un étudiant est censé s'être déshonoré à cause d'un léger mouvement d'esquive au cours d'un combat. Il ne peut dès lors recouvrer son honneur qu'en provoquant en duel le meilleur de son *Korps.* Il fait sa demande et, ce qui lui est alors accordé n'est plus à proprement parler un combat, c'est une punition. Son adversaire lui inflige le plus possible de blessures et les plus profondes qu'il peut. Dans ce cas, la victime n'a qu'un seul désir : montrer à ses camarades qu'elle peut rester sans broncher pendant qu'on lui entaille consciencieusement la peau du crâne et du visage.

Je ne sache pas qu'on puisse apporter le plus petit argument en faveur de la *Mensur*. Ou alors il ne serait valable que pour les adversaires ; les spectateurs, quant à eux, ne peuvent en garder qu'une impression détestable. Je me connais assez pour savoir que je ne suis pas spécialement assoiffé de sang ; l'effet que ces combats eurent sur moi fut donc celui qu'ils ont sur quiconque. La première fois, avant le combat proprement dit, j'avais un sentiment mêlé de curiosité et d'anxiété et je voulais savoir si ce spectacle allait m'impressionner, même si une habitude des salles de dissection et des tables d'opération me permettait de n'avoir pas trop de doute à ce sujet. Quand le sang commença à couler, quand on commença à voir les nerfs et les muscles à nu, je décelai en moi un mélange de dégoût et de pitié. Mais, au deuxième duel, il me faut confesser que ces sentiments délicats commencèrent à s'estomper. Et quand, au plus acharné moment du troisième duel, l'odeur du sang commença à se répandre, chaude et curieuse, dans la pièce, je me mis, comme disent les Américains, à voir rouge. J'en voulais encore et encore. Je regardais successivement les visages autour de moi et, dans la plupart, j'entrevoyais le reflet de mes propres sentiments. S'il est souhaitable d'exciter ainsi, chez l'homme d'aujourd'hui, cette soif de sang, alors la *Mensur* est une bonne institution. Mais qu'en est-il raisonnablement ? Nous pérorons sur notre civilisation et notre humanisme, mais ceux qui ont suffisamment peu d'hypocrisie pour ne pas s'abuser savent que, sous nos chemises empesées, se cache le sauvage avec ses instincts primitifs. On peut compter sur lui, il n'y a rien à craindre : il ne mourra jamais complètement en nous. Ce n'est sûrement pas une raison pour le cajoler.

On peut trouver quelques arguments en faveur du duel. En faveur de la *Mensur,* aucun. C'est un jeu puéril. Qu'il soit cruel et brutal n'empêche pas qu'il soit puéril. Les blessures n'ont jamais de valeur en soi. C'est la cause qui les a provoquées qui leur octroie une dignité, pas leur profondeur. Guillaume Tell est à bon droit considéré comme un héros de l'humanité ; mais que penser d'un club de pères de famille qui se réuniraient deux fois par semaine pour tirer à l'arbalète sur une pomme posée sur la tête de leur fils ? Nos étudiants allemands pourraient obtenir ces mêmes cicatrices, dont ils sont si fiers, en taquinant un chat sauvage. S'inscrire à une organisation dans le seul but de se faire hacher menu rabaisse l'homme au niveau du derviche tourneur. Des voyageurs racontent que certains sauvages du centre de l'Afrique sautillent en se flagellant mutuellement pour exprimer leur joie ; il n'y a aucune raison, pour un Européen, de les imiter. La *Mensur* est une sorte de preuve par l'absurde du duel. Si les Allemands sont incapables d'en saisir les aspects comiques, il ne faut s'en prendre qu'à leur manque d'humour.

Sans être d'accord avec l'opinion courante qui tolère, voire réclame la *Mensur,* on peut au moins essayer de la comprendre. En revanche, le code de l'Université est plus difficile à suivre quand, sans l'encourager vraiment, il ferme les yeux sur l'ivrognerie. Tous les étudiants allemands ne sont pas des ivrognes ; la majorité d'entre eux est même plutôt sobre si elle n'est pas très travailleuse. Mais la minorité « représentative » des étudiants allemands ne supporte sa perpétuelle ébriété que par l'aptitude, chèrement acquise, à boire abondamment la moitié du jour et toute la nuit.

Tous les étudiants ne sont pas atteints au même degré mais il est courant de voir, dans les villes universitaires, des jeunes gens de moins de vingt ans avec l'allure d'un Falstaff et le teint du *Bacchus* de Rubens. Il est vrai que les jeunes filles allemandes sont plutôt fascinées par une tête largement tailladée, balafrée et faite, semble-t-il, de matériaux hétéroclites. Mais comment imaginer qu'elles puissent trouver le moindre attrait à une peau tavelée et bouffie, à une bedaine proéminente qui menace le corps d'un perpétuel déséquilibre ? Qu'attendre d'un gamin qui commence, le matin, à boire sa bière à dix heures au *Fruhschoppen* et qui finit à la *Kneipe* à quatre heures du matin ?

A la *Kneipe* se déroule ce qu'on pourrait appeler une réunion d'étudiants, bruyante ou calme selon les participants. Ils peuvent être une douzaine ou une centaine, invités par un des leurs qui leur fournit autant de bières et de cigares que leur santé et leur bien-être leur permettent de supporter. Ce peut être aussi le *Korps* qui régale. Là comme ailleurs, on peut observer leur sens de l'ordre et de la discipline. A chaque entrée d'un nouveau convive, ceux qui sont assis se lèvent et le saluent talons joints. Quand la tablée est complète, on élit un président de séance chargé d'annoncer le numéro des chansons. Les recueils de chants se trouvent sur les tables ; un pour deux garçons. Le président annonce le numéro vingt-neuf par exemple : « Premier couplet ! », lance-t-il, et tout le monde se met aussitôt à chanter, chaque groupe de deux garçons tenant son livre bien au milieu, comme on le fait à l'église d'un recueil de cantiques. A la fin des couplets on fait une pause, jusqu'à ce que le président donne le signal du suivant. Comme tous les Allemands ont appris la musique et que beaucoup ont une belle voix, l'ensemble est assez saisissant.

Bien que la manière de chanter fasse penser à des cantiques, les paroles des chansons sont là, au besoin, pour corriger cette impression. Mais qu'il s'agisse d'un chant sérieux, d'une ballade sentimentale ou d'une chansonnette à faire rougir un Anglais, ils chantent d'un bout à l'autre avec grand sérieux, sans un rire et sans jamais une fausse note.

Entre les chansons, on porte des toasts et on y répond mais sans acclamations et sans rires. Les étudiants préfèrent sourire et opiner gravement du bonnet.

Un toast appelé « la Salamandre » est porté avec une certaine solennité à quelques étudiants qu'on veut honorer tout spécialement.

– Maintenant, nous allons « frotter une Salamandre », dit le président. *(Einen Salamander reiben !)*

L'assistance se lève et se tient au garde-à-vous.

– Tout le monde est prêt ? demande le président. *(Sind die Stoffe parat ?)*

– *Sunt,* dit-on d'une même voix.

– *Ad exercitum Salamandri,* dit le président ; et nous nous tenons prêts.

Eins ! On frotte nos verres sur la table d'un mouvement circulaire.

– *Zwei !* Les verres tournent de nouveau.

Même chose à *Drei.*

– *Bibite !* (Buvez !)

Et, dans un ensemble d'automates, les verres sont vidés cul sec et maintenus en l'air.

– *Eins !* dit le président. Le pied des verres vides vient râcler à nouveau la table avec un bruit de galets remués par les vagues sur une plage.

– *Zwei !* Le roulement s'amplifie, puis décroît lentement.

– *Drei !* On frappe brutalement la table avec les verres, d'un seul coup, et tout le monde se retrouve de nouveau assis.

A la *Kneipe,* la distraction favorite c'est, entre étudiants, de s'insulter mutuellement (pour rire, bien sûr) et de se provoquer en un duel à boire. On désigne un arbitre, on emplit deux verres gigantesques et les garçons s'assoient face à face, tenant chacun leur chope par l'anse. Tout le monde a les yeux rivés sur les protagonistes. L'arbitre donne le signal du départ et, cul sec, la bière est précipitée au fond des gosiers. Le premier qui repose violemment son verre vide sur la table a gagné.

Les étrangers désireux de se rendre à une *Kneipe,* et à la manière allemande, feront bien, avant de s'y lancer, d'épingler leurs nom et adresse sur leur veste. L'étudiant allemand est la politesse même et quel que puisse être son propre état il veillera, d'un moyen ou d'un autre, à ce que ses invités soient rentrés chez eux avant l'aube ; mais on ne peut tout de même pas lui demander de se rappeler chaque adresse.

On m'a raconté l'histoire de trois Anglais invités à une *Kneipe,* à Berlin, et qui a bien failli se terminer tragiquement. Nos Anglais étaient décidés à jouer le jeu jusqu'au bout. Ils firent part de leurs intentions et furent vivement applaudis. Ils notèrent chacun leur adresse sur une carte et l'épinglèrent sur la nappe devant eux. Ce fut là l'erreur tragique ! Ils auraient dû, comme je l'ai dit, l'épingler soigneusement sur eux. Il peut arriver qu'on change de place, à table et, même inconsciemment, on peut se retrouver carrément de l'autre côté. Mais où qu'on se retrouve, on y est toujours avec ses habits.

Au petit matin, et au grand soulagement de ceux qui tenaient encore debout, le président suggéra qu'on renvoie chez eux ceux qui, ivres morts, dormaient la tête sur la table. Parmi ceux qui paraissaient incapables de s'intéresser encore aux événements se trouvaient les trois Anglais. On décida de les installer dans un fiacre, sous la garde d'un étudiant relativement sobre, et de les renvoyer chez eux. S'ils avaient conservé leur place du début pendant toute la soirée, tout se serait bien passé. Malheureusement, ils s'étaient souvent déplacés et avaient occupé à peu près toutes les places si bien qu'on ne savait plus à qui correspondaient les cartes de visite. Eux-mêmes le savaient encore moins que quiconque. Dans l'euphorie générale, personne n'y prêta beaucoup d'attention. Il y avait trois hommes et trois adresses et, en cas d'erreur, on pourrait toujours faire le tri le lendemain. On installa donc les trois compères dans le fiacre, l'étudiant qui tenait encore debout prit les trois cartes de visite et le groupe démarra sous les acclamations et les vœux de l'assistance.

Il faut reconnaître un avantage à la bière allemande : elle ne soûle pas au sens que l'on donne à ce mot en Angleterre. Ce n'est pas un spectacle répugnant de voir un homme ivre de bière allemande. Il a seulement l'air fatigué. Il n'a pas envie de parler ; il voudrait qu'on le laisse seul ; il a envie de dormir, et n'importe où ; tout lui est égal.

Le conducteur du groupe fit arrêter le fiacre à la première adresse. Il fit descendre celui qui semblait dans le plus mauvais état. D'instinct, il pensa qu'il fallait se débarrasser d'abord de celui-ci. Avec le cocher, ils le portèrent jusqu'à l'étage et sonnèrent à la cloche de la *Pension*. Un veilleur de nuit à moitié endormi vint ouvrir et ils portèrent leur « paquet » à l'intérieur, cherchant un endroit où le déposer. Une chambre était ouverte, elle se trouvait vide ; pouvait-on espérer mieux ? Ils le posèrent là, le débarrassèrent de tout ce qui pouvait s'ôter facilement et le glissèrent dans le lit. Ainsi fait et, contents d'eux, ils revinrent au fiacre.

Ils s'arrêtèrent ensuite à l'adresse suivante. Cette fois, en réponse à leur coup de sonnette, c'est une femme qui parut, en robe de chambre, un livre à la main. L'étudiant allemand, regardant sur une des cartes qui lui restait, demanda s'il avait le plaisir de parler à Mme Y. Pour ce qui est du plaisir, elle ne semblait pas tellement le partager. Il expliqua à Mme Y que l'homme qui somnolait, appuyé contre le mur, était son mari. Ces retrouvailles ne provoquèrent pas chez elle le moindre enthousiasme. Elle ouvrit seulement la porte de la chambre et disparut. Le cocher et l'étudiant y transportèrent notre homme et le couchèrent sur le lit. Ils ne se donnèrent même pas la peine de le déshabiller car ils se sentaient un peu fatigués. Ils ne revirent pas la maîtresse de maison et se retirèrent sans la saluer.

La dernière carte était celle d'un célibataire descendu à l'hôtel. Ils y accompagnèrent donc leur dernier « client », le remirent au portier et s'en allèrent.

Voici maintenant ce qui s'était passé à l'adresse où avait eu lieu la première « livraison » : quelque huit heures plus tôt, M. X avait dit à Mme X :

– Il me semble, chérie, vous avoir dit que j'étais invité ce soir à ce qu'on appelle une *Kneipe ?*

– En effet, vous avez parlé de quelque chose dans ce genre, répondit Mme X. Qu'est-ce que c'est qu'une *Kneipe ?*

– C'est une sorte de réunion de célibataires, d'étudiants qui se retrouvent pour chanter, raconter des histoires, fumer, plein d'autres choses, vous voyez ?

– Bon. J'espère que vous allez vous amuser, dit Mme X qui était tendre et gentille.

– J'ai idée que ça va être intéressant, fit remarquer M. X. J'ai toujours eu envie d'assister à une *Kneipe*. Peut-être, continua-t-il, et même probablement, vais-je rentrer assez tard.

– Qu'est-ce que vous appelez tard ?

– C'est un peu difficile à dire ; ces étudiants sont turbulents et quand ils se réunissent... Et puis je crois qu'on portera un certain nombre de toasts. Je ne sais pas comment je vais réagir à tout ça. Si j'en trouve le moyen, je tenterai de m'esquiver assez tôt ; mais à condition que je puisse le faire sans les froisser. Sinon...

Alors Mme X qui, comme je l'ai déjà dit, était une femme sensible, répondit :

– Vous feriez mieux de demander à la pension de vous prêter un passe-partout. Je dormirai avec Dolly et comme ça, vous ne nous dérangerez pas quand vous rentrerez ; quelle que soit l'heure.

– Je crois que c'est une bonne idée. J'ai horreur de vous déranger. Je rentrerai sans bruit et me glisserai aussitôt dans le lit.

Un peu plus tard, au milieu de la nuit, peut-être même vers l'aube, Dolly, la sœur de Mme X, se dressa dans le lit, l'oreille aux aguets.

– Jenny, dit-elle, vous êtes réveillée ?

– Oui, chérie, répondit Mme X. Tout va bien. Rendormez-vous.

– Mais qu'est-ce qu'il y a ? Vous ne pensez pas que ça pourrait être le feu ?

– Je pense que c'est tout simplement Percy. Il a sans doute heurté quelque chose dans le noir. Ne vous en faites pas, dormez.

Mais, aussitôt que Dolly se fut assoupie, Mme X, qui était une bonne épouse, décida de se lever doucement pour aller voir si Percy n'avait pas de problème. Après avoir passé son peignoir et mis ses pantoufles, elle se glissa dans le couloir et, de là, dans sa propre chambre. Seul un tremblement de terre aurait pu réveiller l'homme qui dormait dans le lit. Elle alluma une bougie et s'approcha doucement.

Ce n'était pas Percy ! Ce n'était même pas quelqu'un d'approchant. Elle eut juste le temps de se dire que ce n'était pas le genre d'homme qu'elle aurait aimé avoir pour mari dans n'importe quelles circonstances. Et dans les circonstances présentes, il lui inspirait carrément un sentiment de dégoût. Elle n'avait qu'une envie : s'en débarrasser.

Il avait pourtant un je ne sais quoi de familier. Elle s'approcha pour le regarder de plus près. Et alors elle se souvint. C'était M. Y. Aucun doute là-dessus. C'était l'homme chez qui elle avait dîné avec Percy le jour de leur arrivée à Berlin.

Que pouvait-il bien faire ici ? Elle posa la bougie sur la table de nuit, se prit la tête entre les mains et s'abîma dans ses réflexions. Elle eut soudain toute l'explication de l'affaire. C'était avec ce M. Y que Percy était allé à sa *Kneipe*. On avait dû faire une erreur. On avait porté M. Y à l'adresse de Percy. Donc, au même moment, Percy était sûrement...

Les terribles conséquences de la situation se présentèrent à son esprit. Revenant à la chambre de Dolly, elle s'habilla à la hâte et descendit sans bruit. Elle trouva heureusement un fiacre et se fit conduire chez Mme Y. Demandant au cocher de l'attendre, elle courut à l'étage et se mit à sonner avec insistance. Comme la première fois, c'est Mme Y qui ouvrit, toujours en robe de chambre, son livre à la main.

– Mme X ! s'exclama Mme Y, qu'est-ce qui vous amène jusqu'ici ?

– Mon mari ! (c'est tout ce que la pauvre Mme X trouva à dire à cet instant). Il est là ?

– Mme X ! répondit Mme Y en se dressant sur ses ergots, comment osez-vous ?

– Oh, je vous en prie, dit Mme X ; ce n'est pas ce que vous croyez ! C'est un épouvantable malentendu. On a dû porter ici mon pauvre Percy au lieu de le ramener chez nous. J'en suis sûre. S'il vous plaît, voulez-vous allez voir ?

– Ma chère, répondit Mme Y qui était plus âgée et plus pondérée, ne vous énervez pas. On l'a transporté ici il y a environ une heure et demi. D'ailleurs pour tout vous dire, je ne suis pas encore allé le voir. Il est donc ici. Je ne pense pas qu'ils se soient seulement donné la peine de lui enlever ses chaussures. Restez calme ; nous allons le descendre et le ramener chez vous, et personne ne saura jamais rien de cette histoire.

En fait, Mme Y était pressée d'aider Mme X.

Elle ouvrit la porte et Mme X se précipita dans la chambre. L'instant d'après, elle en ressortait, blême et décomposée.

– Ce n'est pas Percy, dit-elle. Qu'est-ce que je vais faire ?

– J'aimerais bien, à l'avenir, que vous ne fassiez plus de pareilles erreurs, dit Mme Y en se dirigeant à son tour vers la chambre.

Mme X l'arrêta tout net en s'écriant :

– Ce n'est pas votre mari non plus !

– C'est idiot ! dit Mme Y.

– Oui, mais ce n'est pas lui, insista Mme X. Je le sais d'autant mieux que votre mari, je viens de le quitter : il dort dans le lit de Percy.

– Et qu'est-ce qu'il fait chez vous, s'il vous plaît ? tonna Mme Y.

– On l'a porté là-bas et on l'a posé, expliqua Mme X en se mettant à pleurer. C'est ce qui m'a fait penser que Percy était ici.

Les deux femmes étaient dressées et se faisaient front. Il y eut un bref silence que vint rompre le ronflement de l'homme, de l'autre côté de la porte entrebâillée.

– Mais alors, qui c'est celui-là ? demanda Mme Y, la première à retrouver ses esprits.

– Je ne sais pas, répondit Mme X ; je ne l'ai jamais vu. Vous pensez que c'est quelqu'un de vos amis ?

Mme Y se précipita vers la porte.

– Mais qu'allons-nous faire ? dit Mme X.

– Moi, je sais ce que je vais faire, dit Mme Y. Je vais aller avec vous et ramener mon mari.

– Mais il dort comme une souche, expliqua Mme X.

– Je l'ai déjà vu dans cet état, répondit Mme Y en boutonnant son manteau.

– Mais où est Percy ? sanglota la pauvre Mme X comme elles descendaient ensemble les escaliers.

– Ça, ma chère, c'est une question qu'il faudra *lui* poser.

– Mais s'ils sont capables de telles confusions, dit Mme X, on ne saura peut-être jamais ce qu'ils en ont fait.

– Nous ferons notre enquête demain matin, répondit Mme Y sur un ton consolateur.

– Je trouve ces « *Kneipen* » très désagréables, dit Mme X. Je ne laisserai plus jamais Percy y aller. Aussi longtemps que je vivrai.

– Ma chère, si vous savez vous y prendre, il n'aura plus jamais envie d'y retourner, fit remarquer Mme Y.

Et le bruit court qu'il n'y remit jamais plus les pieds.

Mais, je le répète, l'erreur fut d'épingler les cartes sur la nappe et non sur les vestes. Et l'erreur, en ce bas monde, est toujours sévèrement punie.

CHAPITRE XIV

Qui est sérieux comme il sied à un chapitre d'adieu. Les Allemands du point de vue anglo-saxon. La Providence casquée et boutonnée. Un paradis pour les simples d'esprit. La conscience allemande : son agressivité. Comment on se pend en Allemagne, s'il le faut. Ce qui arrive aux bons Allemands quand ils meurent. L'instinct militaire peut-il tout ? Le commerçant allemand. Comment il supporte la vie. La femme moderne, là-bas comme partout. Ce qu'on peut dire contre le peuple allemand. Notre balade est bel et bien finie.

– Tout le monde pourrait gouverner ce pays, dit George. Moi le premier !

Nous étions assis dans le jardin du *Kaiser Hof*, à Bonn, regardant le Rhin à nos pieds. C'était le dernier soir de notre balade. A la première heure, le lendemain, le train sonnerait le commencement de la fin.

– J'inscrirais toutes mes volontés sur une feuille de papier, reprit George, que je confierais à une entreprise sérieuse qui l'imprimerait à un grand nombre d'exemplaires ; on expédierait le tout dans les villes et les villages ; et le tour serait joué.

Pour l'Allemand d'aujourd'hui, placide et docile, dont l'unique ambition est de payer ses impôts et d'obéir à celui que la Providence a placé au-dessus de lui, il est difficile de retrouver ne serait-ce qu'une trace de son ancêtre sauvage, celui pour qui la liberté était plus nécessaire encore que l'air ; qui voulait bien reconnaître à ses magistrats le pouvoir de proposer mais réservait à la tribu le droit de disposer ; qui pouvait suivre son chef tout en dédaignant de lui obéir.

Aujourd'hui, en Allemagne, on entend parler de socialisme, mais ce socialisme n'est qu'un despotisme déguisé. L'individualisme ne fait pas recette auprès des électeurs allemands. Ils sont désireux, voire impatients, d'être contrôlés et réglementés en toute chose. Ils ne critiquent pas leur gouvernement mais seulement son système de fonctionnement. Le policier est un véritable dieu pour eux et il en sera sans doute toujours ainsi. En Angleterre, nous considérons nos *bobbies* comme une nécessité. L'Anglais moyen les utilise au mieux comme des poteaux indicateurs. Dans les quartiers animés, on estime qu'ils sont utiles aux vieilles dames en les aidant à traverser la rue. A part un vague sentiment de reconnaissance pour ces menus services, je doute qu'on ait jamais une pensée pour eux. En Allemagne, en revanche, le policier est vénéré comme un dieu ; on l'aime comme on aime son ange gardien. Pour les enfants, il est un mélange de Père Noël et de Père Fouettard. Toutes les bonnes choses viennent de lui : les jardins et leurs bacs à sable, les balançoires, les bassins, les piscines, les fêtes foraines, etc. En revanche , toute mauvaise action est punie par lui. Faire plaisir à la police est le rêve de tous les petits garçons et de toutes les petites filles sages d'Allemagne. Recevoir le sourire d'un policier les rend fous d'orgueil. Il n'est plus possible de supporter un enfant allemand dont un policier a gentiment flatté la joue : sa suffisance le rend odieux.

Le citoyen allemand est un soldat ; le policier est l'officier qui lui indique où marcher dans la rue et à quelle vitesse. Aux extrémités de chaque pont on trouve un policier posté là pour indiquer comment il faut le traverser. Un Allemand qui ne trouverait pas de policier à ces endroits ne pourrait que s'asseoir en attendant que la rivière ait fini de couler. Dans les gares, les policiers enferment les voyageurs dans la salle d'attente où rien de fâcheux ne peut leur arriver. Au moment du départ, ils viennent leur ouvrir les portes pour les remettre entre les mains du contrôleur qui n'est qu'un policier sous un uniforme différent. Le contrôleur, à son tour, leur indique où ils devront descendre et s'assure qu'ils le font bien au bon moment et au bon endroit. En Allemagne, vous n'êtes responsable de rien par vous-même. On fait chaque chose à votre place et on la fait si bien que jamais vous n'êtes obligé de vous occuper de vous-même : il faut laisser faire le policier. Fussiez-vous le dernier des idiots, ce ne serait pas une excuse pour lui s'il vous arrivait quelque chose. Où que vous soyez et quoi que vous fassiez, vous êtes sous sa protection et il *doit* prendre soin de vous – grand soin, même, si j'ose dire. Si vous vous perdez, il vous retrouve. Si vous perdez quelque chose, il le retrouve. Si vous ne savez pas ce que vous voulez, il vous l'apprend. Si vous avez envie de quoi que ce soit, il vous le procure. Les notaires sont inutiles en Allemagne. Quand vous avez envie d'acheter ou de vendre une maison ou un terrain, c'est l'État qui se charge du transfert de l'acte de propriété. Si vous vous êtes fait escroquer, c'est encore l'État qui obtiendra pour vous réparations. L'État vous marie, vous assure, il s'en faut de peu qu'il ne joue avec vous au casino.

– Naissez, nous ferons le reste, dit l'État allemand au citoyen. Chez vous ou dans la rue, malade ou en bonne santé, pendant vos loisirs ou au travail, nous sommes là pour vous montrer ce qu'il faut faire et pour veiller à ce que vous le fassiez bien. Ne vous inquiétez de rien.

Et il faut reconnaître que les Allemands ne s'inquiètent de rien. Pas de policier en vue ? Ils continuent leur chemin jusqu'à ce qu'ils voient une ordonnance de police placardée sur un mur ; ils la lisent et repartent rassurés, informés de ce qu'ils doivent faire.

Je me souviens avoir remarqué, dans une ville allemande dont j'ai oublié le nom – et peu importe car ç'aurait pu se passer dans n'importe quelle ville –, une grille ouverte qui donnait sur un jardin où l'on donnait un concert. Rien n'empêchait qui que ce fût, depuis la porte, de gagner les abords de l'orchestre sans payer. C'était même, des deux entrées distantes de trois cents mètres, la plus facile d'accès. Cependant, parmi la foule qui se pressait, personne n'essayait d'entrer par là. Tous faisaient la queue, piétinant consciencieusement sous un soleil de plomb jusqu'à l'autre grille où se tenait le contrôle des billets.

J'ai vu un jour des petits Allemands s'arrêter pensivement au bord d'une vaste étendue d'eau gelée. Il n'y avait âme qui vive dans les environs et ils auraient pu y patiner pendant des heures sans que personne n'en sache rien. Les promeneurs et la police étaient à l'autre bout, à plus de huit cents mètres de là, et cachés par la corne d'un bois. Rien ne les empêchait de s'élancer ; mais non ; ils savaient que c'était interdit. De telles choses vous font vous interroger très sérieusement. Le Teuton est-il bien un membre à part entière de notre humanité pécheresse ? Ce peuple gentil et calme ne serait-il pas en réalité composé d'anges descendus sur la terre d'Allemagne, pour l'amour d'un verre de bière, en sachant qu'il n'est bon bock qu'en ce pays ?

En Allemagne, les routes sont bordées d'arbres fruitiers. Aucune voix, sauf celle de la conscience, n'empêche qui que ce soit de voler des fruits. En Angleterre, un tel état de chose causerait l'indignation générale : on craindrait que les enfants ne meurrent par centaine du choléra. La profession médicale tout entière serait sur pied de guerre vingt-quatre heures sur vingt-quatre pour tenter d'enrayer les conséquences inévitables des orgies de pommes sures et de noix vertes. L'opinion publique exigerait que ces arbres soient entourés de clôtures afin de les rendre inoffensifs. Les producteurs de fruits ne se soucieraient plus de construire clôtures et palissades et on ne les désignerait pas pour autant comme responsables de la propagation, à travers toute la communauté, de la maladie et de la mort. En Allemagne, un gamin peut marcher pendant des kilomètres, sur une route déserte bordée d'arbres fruitiers, pour aller acheter deux sous de poires au village voisin. Tandis que l'Anglo-Saxon, en passant sous ces arbres sans protection et croûlant sous le poids de leurs fruits mûrs, penserait que ce serait un gaspillage grotesque de ne pas profiter d'une telle aubaine ; un mépris des bénédictions de la Providence.

Je ne sais s'il en est ainsi, mais avec ce que j'ai pu observer du caractère allemand, je ne serais pas surpris d'apprendre que, lorsqu'un homme est condamné à mort, dans ce pays, on lui donne tout simplement une corde en le priant d'aller se pendre. Ce qui devrait épargner à l'État beaucoup d'ennuis et de dépenses. J'imagine très bien le criminel prenant sa corde, rentrant à la maison, lisant soigneusement les instructions du tribunal et s'apprêtant à les suivre à la lettre dans sa propre cuisine.

Les Allemands sont des gens parfaits. Tout bien pesé, même, peut-être le meilleur peuple du monde. Un peuple aimable, désintéressé, plein de gentillesse. Je suis persuadé que la plupart d'entre eux vont au paradis. Si, en effet, on les compare aux autres nations chrétiennes, on est forcé d'admettre que le paradis ne peut être organisé qu'à la manière allemande ; mais je n'arrive pas à comprendre comment ils font pour y arriver. Je ne pourrai jamais me convaincre que l'âme d'un Allemand, toute seule, ait suffisamment d'initiative pour s'envoler et venir frapper à la porte de saint Pierre. A mon avis, ils doivent s'y rendre en petits groupes, et c'est encadrés par un policier défunt qu'ils y sont admis.

Carlyle a dit des Prussiens – et c'est valable pour tout le peuple allemand – qu'une de leurs qualités maîtresses était la discipline. Disons qu'ils sont gens à aller partout où on leur dit d'aller et prêts à faire ce qu'on leur dit de faire. Demandez-leur de se rendre en Afrique ou en Asie sous les ordres de quelqu'un en uniforme et ils se révéleront d'excellents colons, prêts à faire face aux difficultés comme ils feraient face au diable lui-même si on le leur demandait. Mais imaginez un Allemand dans un rôle de pionnier ! Livré à lui-même, il dépérira très vite et ne tardera pas à mourir ; non par manque d'intelligence mais par défaut total d'audace.

L'Allemand a été tellement longtemps le soldat de l'Europe que l'instinct militaire lui a passé dans le sang. S'il possède en abondance les vertus guerrières, il souffre des vicissitudes de la discipline. On m'a raconté l'histoire d'un domestique allemand, tout juste rentré de l'armée, à qui son maître avait confié une lettre à porter chez quelqu'un, avec consigne d'attendre la réponse. Une heure plus tard, le domestique n'étant toujours pas rentré, son maître, inquiet et étonné, se mit à sa recherche. Il le retrouva où il l'avait envoyé, planté sur place, la réponse dans la main. Il attendait des ordres supplémentaires. L'histoire vous semble peut-être exagérée, je vous garantis qu'elle est authentique.

Le plus curieux, c'est que cet homme qui, en tant qu'individu est aussi désarmé qu'un enfant, devient, dès qu'il endosse l'uniforme, un être intelligent capable de responsabilités et d'initiatives. L'Allemand peut commander, être commandé par un autre, mais il ne peut se commander soi-même. Pour remédier à cet état de choses, le mieux serait de former chaque Allemand au métier d'officier pour le placer ensuite sous son propre commandement. Il est certain qu'ainsi il se donnerait des ordres pleins de bon sens et qu'il veillerait à s'obéir à soi-même avec promptitude et précision.

Ce sont les écoles, bien sûr, qui sont responsables de cette orientation du caractère allemand. Le maître-mot de leur enseignement est le devoir. C'est un bel idéal pour tous les peuples. Mais avant de le faire sien, il est souhaitable d'avoir une idée claire de ce que l'on entend par *devoir*. L'idée allemande c'est : obéissance aveugle à tout ce qui porte uniforme. Ce qui est bien l'antithèse de la conception anglo-saxonne. Or, comme les Anglo-Saxons et les Teutons prospèrent aussi bien les uns que les autres, il doit y avoir du bon dans chacune des deux méthodes. Jusqu'ici, les Allemands ont eu la bonne fortune d'être exceptionnellement bien gouvernés. Si ça continue ainsi, tout se passera bien. Les ennuis viendront le jour où un grain de sable viendra dérégler cette belle machine de gouvernement. Mais leur méthode a peut-être l'avantage de fabriquer une provision continuelle de bons gouvernants. Ce semble être le cas.

Je pense qu'en tant que commerçants les Allemands resteront – à moins que leur tempérament ne change considérablement – toujours loin derrière leurs concurrents anglo-saxons. A cause justement de leurs vertus. Pour eux, la vie vaut plus qu'une simple course aux richesses. Un pays où les banques et les bureaux de poste ferment, pendant deux heures, au milieu de la journée, pour permettre à chacun de rentrer à la maison et de savourer en famille un copieux déjeuner avec, au dessert, une petite sieste, ne peut pas espérer, et sans doute ne veut pas espérer, se mesurer avec un peuple qui prend ses repas debout et dort un téléphone au chevet de son lit. La différence entre classes sociales, en Allemagne, n'est pas, du moins jusqu'à aujourd'hui, assez marquée pour faire, comme en Angleterre, une question de vie ou de mort du combat pour la position sociale. Sauf dans la noblesse terrienne, où les barrières sont infranchissables, la condition n'y a pas d'importance. *Frau* Professeur et *Frau* Épicière se rencontrent au *Kaffe-Klarsch* du samedi où elles se racontent les derniers ragots dans la plus cordiale et parfaite égalité. Le loueur de chevaux et le médecin trinquent ensemble dans leur brasserie d'élection. Quand le riche entrepreneur prépare sa voiture pour faire un tour à la campagne, il invite son contre-maître et son tailleur à se joindre à lui avec leur famille. Chacun apporte son écot en boissons et provisions et, au retour, tout le monde chante en chœur les mêmes chansons. Tant que durera cette manière de vivre, on n'est pas prêt de voir quelqu'un sacrifier les meilleures années de sa vie à amasser une fortune pour ses vieux jours. Les goûts de l'Allemand, et plus encore ceux de sa femme, restent modestes. Il adore voir son appartement ou sa villa garnis de meubles capitonnés de peluche rouge avec profusion de dorures et de laques. C'est son droit. (Et ce n'est sans doute pas pis qu'un mélange de faux élisabéthain et d'imitation Louis XV orné de photographies sous éclairage électrique.) Les murs, à l'extérieur de sa maison, ont parfois été décorés par l'artiste du coin : une bataille sanglante, largement coupée par la porte principale, est peinte sur le mur du bas, tandis que Bismark, tel un ange, volète doucement entre les fenêtres des chambres. Pour ce qui est des maîtres anciens, il se contente d'aller les voir au musée ; et, comme les *célébrités à domicile* ne sont pas encore à la mode dans les institutions de la mère patrie, il ne se sent nullement obligé de gaspiller son argent pour transformer sa maison en boutique d'antiquités.

L'Allemand est gourmand. On peut, certes, rencontrer encore des fermiers anglais qui, tout en affirmant que le métier ne nourrit plus son homme, se font gaillardement leurs sept repas par jour. En Russie, une fois par an, se déroule une fête qui dure une semaine au cours de laquelle on déplore de nombreux décès dus à des indigestions de crêpes. Mais c'est une fête religieuse et c'est exceptionnel.

Comme gros mangeur, on peut considérer que l'Allemand tient la première place parmi toutes les nations du monde. Quand il se lève, tôt, en s'habillant, il engloutit quelques tasses de café avec une demi-douzaine de toasts grillés beurrés. Mais ce n'est qu'à partir de dix heures qu'il s'assoit pour ce que l'on peut appeler un repas. A une heure, ou une heure et demie, il attaque le repas principal. C'est une affaire qui dure bien deux heures. A quatre heures, il va au café pour manger des gâteaux et boire son chocolat. Ses soirées, il les passe généralement à manger, non pas un vrai repas, ou rarement, mais une série de collations, comme une bouteille de bière et un ou deux sandwichs à sept heures, une autre bouteille de bière et une assiette anglaise au théâtre, pendant l'entracte ; une demi-bouteille de vin et des œufs au plat avant de rentrer à la maison ; enfin un morceau de fromage ou de saucisse avec une bière pour faire couler le tout avant d'aller au lit.

En revanche, ce n'est pas un gourmet. La cuisine française, de même que les prix français ne sont pas de saison dans les restaurants allemands. On y préfère la bière ou les petits vins blancs locaux à n'importe quel bordeaux ou champagne. Ça vaut mieux, d'ailleurs. Car on a l'impression que chaque fois qu'un négociant français vend une bouteille de vin à un hôtelier allemand, il est encore obsédé par le souvenir de Sedan. Ce qui est une revanche ridicule quand on sait que ce n'est presque jamais un Allemand qui la boit, cette bouteille, mais, le plus souvent, un malheureux touriste anglais. Le Français se souvient peut-être aussi de Waterloo, et sa vengeance, alors, faisant coup double, atteindra son but de toute façon.

Il ne faut pas s'attendre à trouver des divertissements coûteux, en Allemagne ; on ne vous en propose jamais. Tout, à travers le pays, est sans prétentions et à la bonne franquette. L'Allemand ne dépense pas son argent à des sports de luxe, il n'a pas à tenir un rang, ni à s'habiller pour un cercle de snobs. Pour quelques marks, il peut satisfaire son goût le plus cher : l'opéra ou le concert. Sa femme et ses filles l'y accompagnent, vêtues des habits qu'elles ont faits elles-mêmes, la tête couverte d'un châle. Pour un Anglais, cette absence d'ostentation partout est bien agréable à voir. Les voitures privées sont très rares et on ne les utilise que si le tram, plus rapide et plus propre, ne suffit pas.

C'est grâce à tout ça que l'Allemagne maintient son indépendance. Les marchands ne flattent pas servilement leur clientèle. Un jour, à Munich, j'accompagnais une Anglaise qui voulait faire quelques courses. Habituée aux magasins de Londres ou de New York, elle critiquait tout ce que le marchand lui montrait. Ce n'était pas qu'elle fût déçue, c'était sa manière de faire. Elle expliquait sans cesse qu'elle pouvait trouver beaucoup mieux et moins cher ailleurs. Elle faisait remarquer que le stock manquait de goût et de variété ; que ce n'était pas très à la mode, un peu commun ; que finalement ça ne ressemblait même pas à des vêtements. Le marchand n'essaya pas de la convaincre ; il ne la contredit jamais ; il remit tranquillement les marchandises dans leurs cartons respectifs, replaça les cartons dans leurs rayons, se dirigea vers son arrière-boutique et referma la porte sur lui.

– Qu'est-ce qu'il attend pour revenir ? demanda la jeune femme au bout d'un moment.

– Ça m'étonnerait qu'il revienne, dis-je.

– Et pourquoi ? demanda-t-elle étonnée.

– Parce que je crois, répondis-je, que vous l'avez assommé. Il y a de grandes chances qu'en ce moment il soit derrière cette porte, fumant sa pipe et lisant son journal.

– Quel marchand extravagant ! s'exclama mon amie en rassemblant ses paquets et en sortant indignée.

Une autre fois, dans le fumoir d'un hôtel, j'entendis un Anglais de petite taille raconter une histoire qu'à sa place j'aurais gardée pour moi :

« Il est impossible de marchander avec un Allemand. On a l'impression qu'il ne vous comprend pas. Un jour, dans une librairie de Georg Platz, je remarquai une édition originale des *Brigands (Die Räuber*, de Schiller). J'entrai pour demander le prix. Un vieux bonhomme, qui se tenait derrière son comptoir, me répondit : " Vingt-cinq marks " et il se replongea dans sa lecture. Je lui fis alors remarquer que j'avais vu un exemplaire, quelques jours auparavant, en bien meilleur état et pour vingt marks seulement (c'est ainsi que l'on fait quand on a envie de marchander, tout le monde sait ça). Il me demanda : " Où ? " Je lui répondis que c'était dans une librairie de Leipzig. Il me conseilla alors de retourner là-bas pour l'acheter. Il n'avait pas l'air de se soucier que j'achète ou non son livre. Je lui dis :

– Quel est votre dernier prix ?

– Je vous ai déjà dit vingt-cinq marks (c'était vraiment un type impossible).

– Ça ne les vaut pas.

– Je ne vous ai jamais dit que ça les valait, non ? grogna-t-il.

– Je vous en offre dix marks, (je pensais qu'à vingt il céderait).

Il se leva. Je crus qu'il contournait le comptoir pour aller chercher le livre. Pas du tout, il marcha droit sur moi. C'était presque un géant. Il me prit par les deux épaules, me jeta dans la rue, et referma la porte derrière moi en la claquant violemment. Je n'ai jamais rien vu de plus effarant de toute ma vie.

Quand je lui fis remarquer que le livre valait peut-être bien ses vingt-cinq marks, le petit Anglais répondit :

– Bien sûr et même davantage ! Mais vous parlez d'un sens des affaires ! »

Si quelqu'un arrive un jour à changer le caractère des Allemands, ce sera sûrement la femme allemande. D'ailleurs elle évolue très vite. Il y a dix ans, aucune femme allemande soucieuse de sa réputation, et désireuse de trouver un mari, ne se serait risquée à faire du vélo. Aujourd'hui, c'est par milliers qu'on peut les voir pédaler à travers la campagne. Les vieux hochent la tête à leur passage, mais les jeunes, en revanche, se joignent à elles et roulent à leur côté. Il n'y a pas si longtemps, faire du patin en public était considéré comme très peu féminin ; ou alors il fallait que la femme fût accrochée tendrement au bras d'un de ses proches ou parents. Maintenant, on la voit faire des huit, seule dans un coin de la piste, jusqu'à ce qu'un jeune homme vienne se joindre à elle et l'aider. Elle joue au tennis. Et même, en me tenant à l'écart, j'ai pu en voir une conduisant un dog-car.

Son éducation est soignée depuis son plus jeune âge. A dix-huit ans elle parle deux ou trois langues, elle a lu et oublié plus de livres qu'une Anglaise moyenne n'en lira jamais dans sa vie. Jusqu'à maintenant, cette éducation ne lui avait été d'aucune utilité. Mariée, elle se retirait dans sa cuisine où elle s'efforçait de faire le vide dans son cerveau pour pouvoir y loger quelques mauvaises recettes de cuisine. Supposons maintenant qu'elle se dise qu'il n'est peut-être pas très utile de s'abîmer ainsi dans les tâches ménagères. Supposons aussi qu'elle ait envie de participer à la vie sociale et nationale. Alors, l'importance d'une telle partenaire, saine de corps et vigoureuse d'esprit, ne manquera pas d'être à la fois durable et efficace.

Il faut bien s'ancrer dans l'esprit que l'Allemand est exceptionnellement sentimental et très facilement influencé par le sexe faible. On dit de lui qu'il est le meilleur des amants et le dernier des maris.

C'est d'ailleurs la faute de sa femme. Sitôt mariée, elle ne fait pas qu'abandonner son romantisme, elle le chasse à coups de balai. Déjà, jeune fille, elle ne savait pas s'habiller ; devenue femme, elle néglige jusqu'à ses anciens habits pour se fagoter dans des oripeaux qu'elle déniche n'importe où. En tout cas, c'est l'impression qu'elle donne. Sa silhouette, pourtant aussi galbée que celle d'une Junon, sa carnation digne d'un ange resplendissant de santé, on dirait qu'elle s'en débarrasse comme par malice. Ce droit à l'admiration, à la dévotion même, qu'elle pourrait avoir de naissance, elle l'abandonne pour des sucreries. Tous les après-midi, on peut la voir dans un salon de thé se gaver de gâteaux à la crème qu'elle fait couler avec d'abondantes tasses de chocolat. En peu de temps elle devient obèse, son teint se fane, elle n'a plus le moindre attrait.

Quand la femme allemande renoncera au salon de thé l'après-midi et à la bière le soir, quand elle fera suffisamment d'exercice pour maintenir sa ligne, qu'elle lira, une fois mariée, autre chose que des livres de cuisine, le gouvernement allemand se rendra compte qu'il lui faut désormais compter avec une force nouvelle et jusque-là méconnue. Dans toute l'Allemagne, on voit déjà mille petits signes qui ne trompent pas : l'ancienne *Frau* est en train de céder la place à la *Dame* allemande.

On est en droit de se demander ce qui va se passer. La nation allemande est encore jeune et sa maturité sera une chose importante dans le monde. C'est un peuple formidable, des gens aimables ; ils nous aideront sûrement à rendre le monde meilleur.

Le pire qu'on en puisse dire c'est qu'ils ont aussi, bien sûr, quelques défauts. Ils ne les connaissent pas eux-mêmes ; ils se croient parfaits, ce qui montre bien qu'ils ne sont pas vraiment malins. Dans l'idée qu'ils se font de leur supériorité sur les Anglo-Saxons, ils sont même si outrecuidants qu'on n'en revient pas ! Quelle prétention !

– Ils ont leurs bons côtés, je le reconnais, dit George, mais leur tabac est une indignité nationale. Je vais dormir.

Nous nous levâmes et, nous penchant sur le parapet, regardant les lumières qui dansaient sur l'eau sombre de la rivière :

– C'était une belle balade, après tout, non ? dit Harris. Je suis content de rentrer et pourtant, je regrette que ce soit déjà fini. Vous voyez ce que je veux dire ?

– Oui, mais c'est quoi, au juste, une balade ?

– Une balade ? dis-je ; moi je dirais que c'est une sorte de voyage, long ou court, sans but bien défini mais avec une seule règle : être rentré au bercail à une date fixée. Quelquefois on se promène dans des rues commerçantes, populeuses, parfois dans des champs ou des prés. Quelquefois ça dure seulement quelques heures, d'autres fois plusieurs jours. Mais que le chemin soit long ou court, qu'il nous emmène ici ou là, nos pensées sont constamment rivées sur l'écoulement du sable dans le sablier. Il nous arrive d'en saluer certains parmi ceux que nous croisons ; nous leur faisons alors un sourire. Avec quelques-uns, on s'attarde pour un brin de causette, avec d'autres, on fait un bout de chemin. C'est parfois passionnant, parfois un peu lassant ; mais, à la fin du compte, on peut dire que nous avons eu du bon temps et nous sommes désolés quand vient la fin.

ACHEVÉ D'IMPRIMER
EN DÉCEMBRE 1996
SUR LES PRESSES DE
L'IMPRIMERIE HÉRISSEY
A ÉVREUX (EURE)

Numéro d'éditeur : 0313
Numéro d'imprimeur : 74930
Dépôt légal : janvier 1997
Imprimé en France